淡々と生きる

100歳プロゴルファーの人生哲学

内田 棟
Uchida Munagi

a pilot of wisdom

目次

第3章　私のゴルフ哲学――76

インタビュー／三田村昌鳳

はじめに

大正5年（1916年）生まれの私は、今年、100歳を迎えました。

世界広しといえども、この歳まで現役のプロゴルファーをしぶとく続けているのは、私くらいかもしれません。

100歳になってもゴルフをしているなんて、本当に自分でも思ってもみませんでした。

実は、今はちょっと腰を痛めていてラウンドは休んでいます。つまり、故障中の身ということですね。日課である自宅でのトレーニングを続け、体調が復活したら、いつでもプレーを再開できるよう、体を鍛えている毎日です。

ゴルフを生業《なりわい》としているからか、食欲もこの年齢にしては旺盛で、毎日3食しっかり食べています。特に好き嫌いはありませんが、やっぱり肉は欠かせません。週に3、4回は200グラムのサーロインステーキを食べています。

しばしば、「どうして、その年齢になってもゴルフを続けているんですか」と聞かれるのですが、自分でもはっきりとした答えが見つかりません。

なにせ、キャディーのアルバイトを始めたのが10歳の時で、それ以来ゴルフに関わっています。日常の中にゴルフがあるのが、もう当たり前になっているのです。「もう歳なんだから、いいだろう」という気持ちには一切ならないし、家族も「転ぶと危ない」と散歩は止めるのに、ゴルフをやめろとは言いません。

まあ、つまり「ゴルフが好き」ということになるのでしょう。

94歳で直腸がんになるなど、大病も何度か経験しましたが、入院中もクラブの素振りを欠かしませんでした。すこしでも練習を休んだら感覚が鈍《にぶ》ってしまいます。プロとしては、ごく自然な行動です。

しかし、さすがに戦争中はゴルフどころではありませんでした。

20歳で徴兵検査に甲種合格（徴兵検査において身体が強健で現役兵に採用できるという判定）してから、およそ10年間、私は兵隊として戦地に赴いていました。従軍先は中国や台湾です。行軍、行軍でとにかく歩かされました。

戦争が終わり、日本に帰ってきてからは、軽井沢ゴルフ倶楽部で働くことになりました。

いわゆる「上司」にあたるのは、小寺酉二《ゆうじ》、白洲次郎といった、アメリカやイギリスのゴルフ文化を知り尽くし、「ゴルフの本道」を体現するような人々でした。日本のゴルフ文化の礎を作ったおふたりの下で働くことで、「ゴルフとは何か」ということを自然と身につけることができたように思います。

当時の軽井沢ゴルフ倶楽部のお話はまたゆっくりいたしますが、「名門」と呼ばれるこの倶楽部でプレーされるお客様には、皇族方をはじめとする各界の名士が揃《そろ》っていました。

そういう方々のレッスンも私の仕事のひとつで、田中角栄元首相も、随分熱心に通ってこられたひとりです。

プロゴルファーになったのは、55歳の時でした。

日本プロゴルフ協会（ＰＧＡ）シニアツアーの出場資格は満50歳以上ですから、いきなりシニア・デビューというわけです。

それから数えても、およそ半世紀が経《た》っています。

思えば、いろいろなことがありました。

もちろん、いいことばかりではありません。二度にわたるがん闘病、そして、私と同じくプロゴルファーだった長男の袈裟彦《けさひこ》や次男に先立たれるという経験も、その中には含まれます。

それでも、ここまで生きてきて思うのは、人生は「失意泰然　得意淡然」が大事ということです。

いい時も悪い時も、慌てず騒がず、淡々と生きていく。

これは、ゴルフから学んだことです。ゴルフほど運、不運を感じるスポーツはありません。天候や風など、人間の力ではどうしようもないことに振り回される競技です。人生も同じ。常にいい時ばかりではありません。時には敗れることだってあるでしょう。

でも、どんなに山あり谷ありであっても、心乱されず、自分のやるべきことを平常心でやっていくことが大切なのだと私は思います。

第1章
生きるために始めたのがゴルフだった

我が家は「ゴルフ博物館」

私がキャディーのアルバイトを始めたのは昭和元年（1926年）、今から90年も前のことです。

今と違って、ゴルフは外国人宣教師や政財界の名士、それから皇族や華族など、ごく限られた人たちのものだった時代です。

今では軽井沢にはさまざまなゴルフ場がありますが、当時は、地元の住民でも「ゴルフって何？」と言う人のほうが多いくらいでした。

現在の軽井沢には「旧軽（旧軽井沢ゴルフクラブ）」「新軽（軽井沢ゴルフ倶楽部）」と呼ばれるふたつのゴルフクラブがあります。

軽井沢ゴルフ倶楽部は、昭和7年（1932年）に離山《はなれやま》という場所から、現在の南ヶ丘に18ホールの新コースをつくって移転したのですが、私のキャディーのアルバイトとしての勤め先は、その離山にあった旧コース（当時は9ホール）でした。この旧コースが後に旧軽井沢ゴルフクラブという名称で営業することになったのです。

16ページの写真右に写っている少年は、キャディーを始めた頃の私です。この写真からもおわかりのように、道具だけではなく、プレースタイルや服装も、この90年の間に随分変わりました。

ゴルフクラブなんて、文字通り、目が飛び出るほど高価な贅沢品《ぜいたくひん》でしたから、L字形の木を削って手作りし、独学でクラブの使い方を覚えました。

私は物を捨てられない性質で、自分が子供時代にキャディーをやっていた時の道具も、ほとんど全部、家にとってあります。人に見せると、「ゴルフ博物館でしか、見たことがない」と驚かれますが、確かに今ではお目にかかれない物ばかりでしょう。

私の100年の人生は、言ってみれば、日本のゴルフ史とともに歩んできたようなものかもしれません。

私の来し方をお伝えすることで、日本のゴルフ黎明期《れいめいき》の雰囲気や、昔の軽井沢がどんな様子だったか、その一端を感じていただければと思います。

家計を助けるため10歳でキャディーに

私は軽井沢生まれ、軽井沢育ちです。

そんなふうに言うと、なんだかお坊ちゃんのように聞こえるかもしれませんが、父親は木挽《こび》きでした。今では製板職人と呼ぶようです。私の「棟」という名前は家業にちなんで付けられたものです。

父親からは「むなぎ」、母親からは「むね」と呼ばれていたので、いったいどっちが正しいのか実はよくわかりません。役所に届ける時、親の代わりに近所の人が行ってくれたのですが、どうやら呼び方を忘れてしまったらしくて、戸籍係の人が辞書を引いて「〝むなぎ〟ではないか？」と戸籍名を「むなぎ」にされてしまったそうです。

まあ、なんともいい加減な話ですが、そういうのんびりした時代だったんですね。

なにしろ、大正時代のことです。

キャディーは子供ながらに家計を助けるために始めたアルバイトでした。「小遣い稼ぎになる」と友人に聞いて、尋常小学校4年生だった10歳の時、自分で支配人に頼んで、雇ってもらったのです。自分で稼がなければ、学校で使う鉛筆や帳面だって、そう簡単には買ってもらえませんでした。

キャディー以外に親父の手伝いもいろいろやらされましたが、氷切りもそのひとつでした。

軽井沢は冬、寒いので、昔は凍った池で氷を作っていました。真冬のある日、親父に氷池に連れていかれ、手伝いをさせられました。厚さ20センチはある氷を鋸《のこぎり》で切って、それを大きなはさみではさんで引き上げる作業です。

いきなり鋸を渡され、なんとか1枚氷を切り終わると、となりの人はもう2枚切っている。誰も親切にやり方なんか教えてくれません。そこで、しばらく周囲を観察していたら、どうやら氷の切り方が違うらしいということがわかってきました。私はただまっすぐ切っていたけれど、となりの人はS字に氷に筋を入れていた。そうすると、足でポンと押した時、すっとうまく離れるんですね。

コツをつかんだら、そのうち、となりの人が1枚切る間に2枚切れるぐらい、仕事が早くなりました。

仕事を覚え始める時は、他人の仕事を見て真似《まね》する、というのも大事。自己流がいつもうまくいくわけではないことをさっそく少年時代に学びました。

切った氷は馬に積んで、軽井沢の駅まで運びました。冬の寒い最中、氷切りをやっていると、「早く暖かくなって、ゴルフ場の仕事がしたいなあ」なんて、よく考えたものです。

ひと夏働けば「米1俵」

私のほかにも〝少年キャディー〟は10人くらいいたでしょうか。「そんなところで働くより、家の周りをきれいにしろ」なんて親に言われている子供もいました。

でも、私にとっては、キャディーはいい仕事でした。学校は小学生がキャディーのアルバイトをすることを禁止していましたが、こっちはなにしろすこしでも小遣いを稼ぎたいから、そんなものは無視。不良少年でしたね。

シーズン中は、学校から帰ってきたら、すぐに自転車を飛ばして、アルバイトをする日々です。学生服を着たまま、足にゲートルを巻いて、ゴルフバッグをかついでいる同僚もいました。

アルバイトとして入ったその日から、すぐに、お客様について回るのが普通でした。私が入った頃の軽井沢ゴルフ倶楽部は9ホールしかありませんでしたが、挨拶《あいさつ》からバッグのかつぎ方、クラブの手入れの仕方まで、先輩に怒られながら、どうにかこうにか仕事を覚えていったものです。

キャディーにはランクがありました。9ホール回って、Aクラスで30銭、Bクラスで25銭、Cクラスで20銭です。

その頃、かけそば1杯の値段が4銭くらいでしたから、子供にもできるアルバイトとしては、けっこう割のいい仕事だったと思います。Aクラスのキャディーがひと夏働けば、米1俵買えるぐらい稼げました。

もちろん私はCクラスからのスタートでした。早くAクラスになって、米1俵稼げるようになればいいな、と思っていましたが、不慣れな私には、なかなかお客様をつけてもらえない。仕事を覚えるのにも時間がかかりました。氷切りと違って、覚えないといけないことがたくさんあって、そう簡単にコツをつかむというわけにはいかなかったのです。

キャディーとは別に、ゴルフ場を管理する人も12人ほど働いていたのを覚えています。軽井沢の冬の寒さは格別ですから、高麗芝《こうらいしば》が育たず、苦労しているのを目にしていました。冬は芝の上にカヤを敷いて寒さを防ぎ、4月頃から芝の手入れを始める。モッコをかついだり、シャベルを使うなど、すべて人力です。馬を使う場合は、芝を傷めないように馬の脚にわらじをはかせていましたね。

当時は、ゴルフ場のすぐ近くを草津温泉と軽井沢を結ぶ草軽電鉄が走っていて、列車が通ると、お客様もプレーの手を止めて、そちらを眺めるような、のどかな時代だったと思い出します。その頃の〝ゴルフウェア〟は、ニッカーボッカーズという半ズボンに長い靴下でした。

貴重なロストボール

1930年頃のキャディーバッグは帆布で作ったものが大半で、バッグに芯がないので、下に置くと、ぞろぞろっと落ちてきて倒れてしまうものでした。中に入っているクラブも散らかってしまうので、お客様が打ち終わるまでかついでいなければなりませんでした。ずっと同じ姿勢でキャディーバッグを抱えているのは、思いの外、疲れるものです。

昔は今のような道具もなくて、27ページの写真のようにティーもゴム製でした。高級品でしたので、飛んでいった後も見つけやすいように、赤い毛糸のポンポンでマークをつけてあったりしました。今でも当時のゴムティーは、大切にとってありますが、知らない人は「これは、なんですか?」と、見当もつかないみたいですね。

ゴムのティーがない時は、ティーグラウンドの砂を手で盛って水をかけ、崩れないようなちょうどいい高さにしていました。今はティーを刺すだけだから、たいそう楽です（笑）。

ピンの柄も、今と比べると、随分太かったですね。朝、出勤すると、1番コースから18番コースまでピンを刺していって、1日が終わると、またその旗を集めていくのですが、ひとりでなんか、とても重くて集められません。ふたり以上でやっと、という仕事でした。

あんまり大変なので、どうせ戻すんだから、そのまま置いておいても同じだろう、と思って、「夕方、旗を集めなくてもいいんじゃないですか?」と言ったら、先輩に「雨が降ったら、どうするんだ!」と怒られたものです。

ゴムのティーなんてもう使うこともありませんが、捨てずに大切にとってあります

右が昔のスモールボール。左が今のボール

ボールのサイズは、今より一回り小さいスモールボールでした。当時はボールも新品だと相当な値段です。キャディーマスターにも「ボールはよく見て、絶対になくさないように」と言われていました。

今みたいにOBに入ったボールを捜さないなんて、決して許されません。でも、池に落としてしまったボールを捜し出すとチップをもらえましたし、お客様の中には、ボールの値段の10倍ぐらいのチップをくれる人もいたほどです。キャディーの仕事が終わった後に、ロストボールを拾いにOBに行って、きれいに石鹸《せっけん》で洗って、お客様に買ってもらったりしていました。

ボールの貴重さが身に沁《し》みついているから、今でもボールをなくすのが怖い。そのせいか、私の持ち球は「ストレート」で、ほぼ曲がりません。

木のクラブを手作り

ゴルフの道具はどれもいい値段がしましたが、中でも高価だったのはやはりクラブです。自前のクラブを持つなんて、本当に夢のまた夢でした。

小学校6年生ぐらいの時だったでしょうか。ある時、お客様が「旧軽のスポーツ店にクラブが売っているぞ」と話しているのを聞いて、「いったい、どんなクラブを売っているんだろう」と友だちと見にいったことがあります。

なるほど、確かにクラブを売っていましたが、店主にいくらするのかと聞いたら、「5円だ」と言うのです。5番アイアンなんて11円もするというんですから、驚きました。当時の普通の家庭ではとても買えない代物です。その場では見せてもらっただけで帰るしかありませんでした。

どうやったって買えないのだから、自分で作るしかありません。聞いた話ですが、私よりすこし上の世代にあたる安田幸吉プロ（日本プロゴルフ協会の初代理事長）も、やはり子供の頃にキャディーのアルバイトをしていて、木のクラブを手作りしていたそうです。当時は普通のことだったのかもしれません。

倶楽部に勤めていた私よりちょっと年上の先輩が、「今日は山へ行って、枝を見つけてくるから、一升瓶に水を入れて、おむすびを持って一緒に来い」というのについていって、山まで木を探しにいったものです。

ゴルフ場の仕事と同じで、先輩は私に教えてくれるでもなく、「ああ、これがいいな」なんて、独り言を言っている。

できるだけL字型になっている木を数十本取ってきて、木皮を剝《は》いで、曲がった部分を炭火であぶって伸ばし、その枝の先に木っ端をつけました。どうやらこうやら、それらしいものができ上がりました。

といっても、ロフトは何度にしたらいいかなんて考えは、まだまったくありません。とにかく球が打てて距離が出ればいいんだ、ということだけ。グリップには手ぬぐいを巻いていました。

そうやって作った道具も、仕事場のゴルフ場でお客様と一緒にプレーするわけにはもちろんいきません。もっぱら使うのは自分の家の庭です。

そのままの状態では地面がでこぼこだらけで練習になりませんから、まずは庭をきれいに掃いて、石や雑草を全部取って、その上にいい土を持ってきて入れ、平らにならしてから、ようやくボールを転がせる。ボールはお客様からもらった、お下がりのボロボロのボールを使いました。遊びの延長みたいなところもありましたが、ちゃんと9ホール作って、ひたすら練習したものです。

宮様や殿様がプレーする場所

軽井沢ゴルフ倶楽部は会員制で、クラブ会員の資格がないとプレーできません。1シーズン25円もする高額の会費を払えるのは、ごく限られた上流階級の人たちだけでした。

軽井沢は、英国人宣教師A・C・ショーが別荘を建てたことで避暑地として知られるようになったところなので、軽井沢ゴルフ倶楽部の会員も外国人の方が多かったですね。だいたい、3分の2ぐらいは外国人会員だったんじゃないでしょうか。17名の役員のうち9名が外国人の方で、契約書も英文だったそうです。

私はまだ子供でしたが、みなさん紳士で、我々を馬鹿にするようなことはありませんでした。外国人のお客様ですから、プレー中の会話は英語です。覚えたての英単語を並べて、まあ、どうにかコミュニケーションをとったのを覚えています。

日本人でプレーしにいらっしゃったのは、大変なゴルフ好きでいらした朝香宮《あさかのみや》殿下や竹田宮殿下などの皇族方、それから細川家、徳川家、鍋島家、近衛《このえ》家、相馬家といった華族の方々でした。開業直後には、摂政宮時代の昭和天皇もプレーをされたそうですが、ゴルフは英国紳士のスポーツということで、やんごとない方々の中にもゴルフ好きが多かったんです。欧米留学中にゴルフを嗜《たしな》まれた経験のある方も少なくありませんでした。

こういう方々は「殿様」なので、現金を持っていないのです（笑）。だから、外国人のお客様からはたびたびチップを頂けましたが、日本人プレーヤーからチップをもらった記憶がありません。殿様方はあまりキャディーと話したりせずに、静かにプレーする方が多かったです。

中でも鍋島直泰侯爵は名手で、日本アマチュアゴルフ選手権競技3連覇を成し遂げたほどの腕前でした。私が一番多く見たのも、鍋島侯爵のプレーです。実にきれいなスイングで、見ていて勉強になりました。

チャーミングだったのは、元首相の細川護熙《もりひろ》さんの祖父にあたる細川護立《もりたつ》侯爵。打ったボールが変な場所に飛ぶと、ボールをひょいと動かしてしまうんです。周囲はもう慣れているから、後ろを向いて、見ないふり。「細川式プレー」というので有名でした。

そういう上流階級の方々は、ゴルフ倶楽部のすぐそばに別荘をお持ちで、みなさん、別荘からコースに通っていました。

朝香宮様の車にはよく乗せてもらいました。もちろん、宮様が乗っていらっしゃらない時の話です。宮様が乗っている時は車に旗が立っているから、すぐわかりました。

我々は学校が終わるとすぐにゴルフ場に行かなければなりませんから、通りかかった朝香宮様の車を停《と》めて、キャディーをやっていた友だちと一緒に「クラブまで乗せてください」とよく頼んでいました。まあ、いたずらみたいなものですね。

運転手さんも人が好《よ》くて、怒るでもなく、「なんだお前たち、下駄《げた》を履いてるな。下駄のままだと車が汚れるから、脱いで、よく埃《ほこり》と土を払ってから乗れ」って。40メートルぐらいの距離でしたが、車ならすぐですから、楽させてもらいました。

当時の軽井沢の夏は短くて、1カ月ちょっとしかありませんでした。9月のはじめになると、別荘の窓に細い板を打ちつけて戸締まりをして、みなさん、帰っていく。そうなると、一気に街は寂しくなりました。

だから、5月になって緑が芽吹くのが、とても楽しみでした。そうした季節の訪れを待ち望む気持ちは、今も変わりません。

ゴルフとは無縁の10年間

運動はなんでも得意でした。中でもスケートが得意で、今で言うスピードスケートをしに、冬の間は時間を見つけてはスケート場に通っていました。軽井沢では、11月になると、スケート場が開いていて、ちょうどゴルフがオフシーズンに入ると、体を動かすのに都合もよかった。

当時のことですから、下駄に刃をつけた「下駄スケート」です。だから、スケート靴が欲しくて欲しくて仕方ありませんでした。ようやくキャディーで稼いだお金で念願のスケート靴を買ったと思ったら、徴兵検査で甲種合格してしまったのです。それから10年、ゴルフとは無縁の生活を送ったのは、最初に書いた通りです。

甲種合格すると、陸軍は戦地に2年間行かなければなりません。当然、行きたくなんかありませんでした。しかし、嫌だから行かないなんて言えない時代です。出征したのは1937年、21歳。陸軍に入隊し、満州に行きました。長男の袈裟彦が生まれてすぐのことでした。

それでも2年も経てば軽井沢に帰れると思っていました。ですが、日中戦争が始まってしまい、そのまま足止め、復員できたのは25歳の時でした。

「何かしなければ」と仕事を探しましたが、これというものも見つからないまま半年ぐらい過ぎた頃、また召集されました。今度は釜山《プサン》に従軍です。10年も兵隊に出ていれば、もう古参兵で、最後は曹長になり、終戦を迎えたのは台湾の高雄《たかお》でした。

戦時中のことはあまり思い出したくありませんが、実は終戦時に自分の軍隊手帳をこっそり持って帰ってきました。兵隊だった私が、どういう目的で、いつどこへ行ったのかは、それに全部記録されています。個々の軍隊手帳に書かれていることは、いわば国家の軍事機密のようなものですから、本当なら連隊や師団ごとにまとめて焼却されてしまうはずのものでした。でも、これがなければ、10年の自分の記録がなくな

見返すことはありませんが、戦中にどんな行動をしていたかがすべて記されています

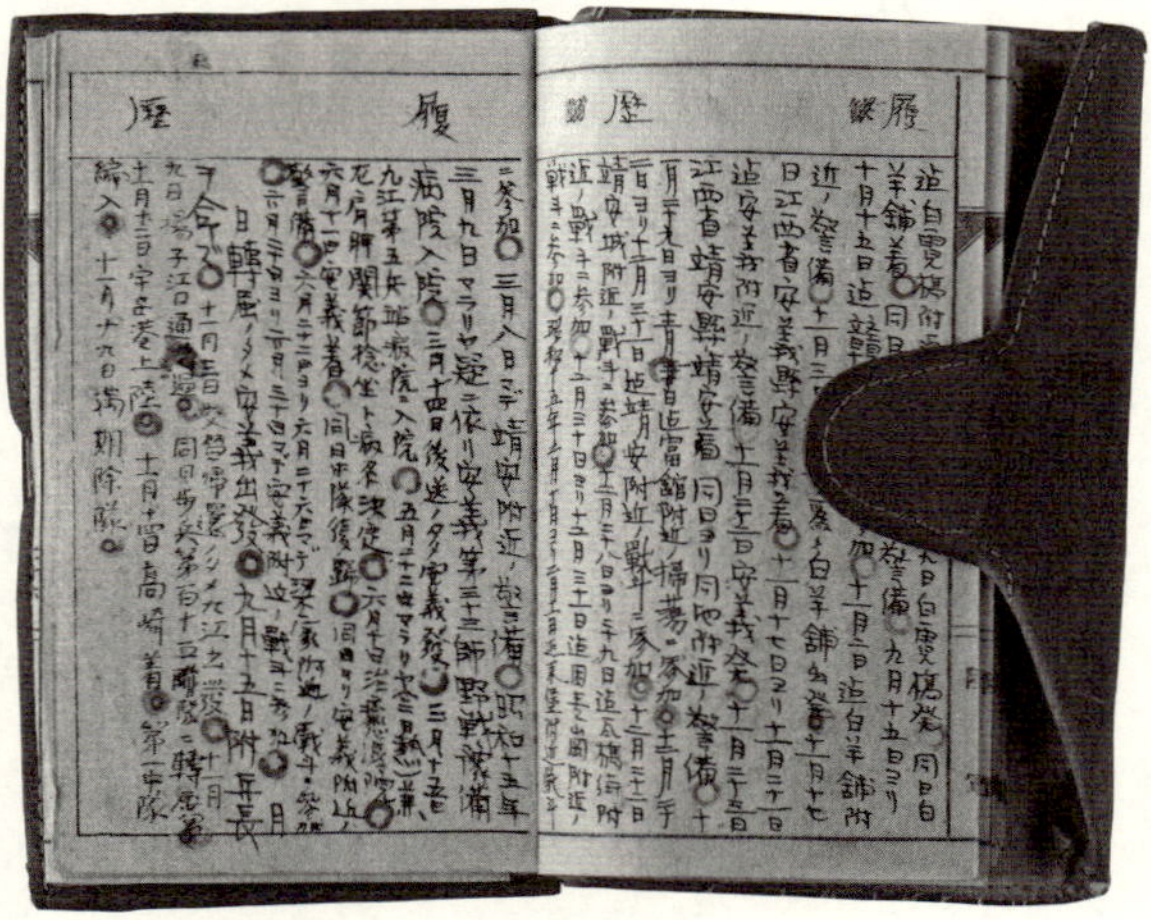

陸軍でしたので、とにかくあちこち歩かされて、足腰が鍛えられました

ってしまう。そう思って、軍隊手帳を管理していた同期の戦友に頼みこみ、秘《ひそ》かに持ち帰ったのです。

歩兵でしたから、重い荷物を抱えて、あっちこっち歩きました。兵隊の靴というのは編み上げ靴で、その上にゲートルも巻きますから、もう大変暑い。台湾で40度という気温の中を歩いていた時など、戦友が暑さにやられて、方向がわからなくなってしまい、彼の分の荷物も背負って歩いたこともありました。

まあ、その後のゴルフ人生からすれば、脚力が鍛えられたのは確かですね。戦争に行ってよかったことといえば、それくらいです。

最近はそうでもありませんが、私は「短気ですぐ怒る」「怖くて近くに寄れない」と、周囲によく言われました。元々気が強いほうではありましたが、戦争が私をそうしてしまった部分もあるような気がします。

なにしろ、戦場で小隊40人の部下を号令ひとつで動かして戦っていかないといけなかったわけです。そうそう甘い顔ではいられないし、文字通り、殺気立ってないと、とてもそんなことはできません。大隊長に向かって、「砲弾が飛び交う場所に部下を行かせたまま、敵がいなくなっても銃撃を続けるとは、どういうことだ！」と喰《く》って
かかったこともありました。平時であれば、そんな行動をとることなどなかったでしょう。戦争というものは、人を変えてしまうのです。

医者もいないような、生きるか死ぬかの戦場からなんとか生きて帰ってこられたのは、つらい状況を生き延びるだけの頑健な体力が備わっていたことも関係していると思います。怪我《けが》らしい怪我もしませんでしたし、病気といえば、マラリアで1週間、入院したぐらいです。それから、警戒心を常に持って、銃撃されないよう高いところはできるだけ歩かないなど、細かいところに気をつけていたこともあったと思います。なにより、きっと運がよかったんでしょう。

「那須の神様」「元祖・高いティーアップ」などと呼ばれ、やはりキャディーをしながら腕を磨いてプロになられた小針春芳さんも、戦地の経験をお持ちでした。ゴールドシニアのトーナメントでご一緒したことがありますが、小針さんも私同様、20代の

ほとんどを戦争に費やしています。従軍先のニューギニアのジャングルでマラリアに手ひどくやられたこともあって、戦後は「もう農民をやる」と、結局、ゴルフから10年ほど遠ざかっていたそうです。戦前にはもうプロになられて、衝撃的なデビュー戦などで高い評価を受けていただけに、惜しいことでした。何かのきっかけで、またクラブを持たれるようになりましたが、「戦争のおかげで、選手として一番いい時代に活躍することができなかった」とおっしゃっていたと聞いています。

私も20代の一番元気な時代を戦争に費やしてしまいました。

「再就職」と混乱の時代

日本に帰国したのは、昭和21年（1946年）3月です。翌月には、軽井沢ゴルフ倶楽部で働くようになりました。

終戦後、軽井沢ゴルフ倶楽部も旧軽井沢ゴルフクラブもアメリカ軍に接収されていました。戦前の会員はプレーできなくなりましたが、米軍将校のほか、英語ができる白洲次郎さんなども一緒にプレーしていましたね。白洲さんは、吉田茂さんの懐刀と呼ばれた人ですから、そういうことも関係していたのかもしれません。一方、従業員のほとんどは前から勤めていた日本人でした。

軽井沢ゴルフ倶楽部は終戦直前までオープンしていたそうですが、進駐軍が接収した時は、荒れ果てて、草ぼうぼうの有様だったそうです。しばらくの間は、クラブハウスを建て替えたのに屋根からの雨漏りがひどくて結局やり直したりとか、不慣れな人が手入れして芝が赤くなってしまったのを全部張り替えたりなど、混乱続きで、いろいろ大変なことがありました。

軽井沢ゴルフ倶楽部が接収解除になったのは、昭和26年（1951年）10月のことです。進駐軍がよく手入れしてくれたおかげで、戦争直前よりずっと立派なコースになっていました。戦中戦後の混乱もようやく落ち着き、以前のお客様たちが戻っていらしたり、新たに軽井沢に別荘を持って会員になる企業のトップや作家の方が増えるなど、軽井沢ゴルフ倶楽部は賑《にぎ》わいを取り戻していきます。

これから後のことは、また次の章でお話ししていくことにしましょうか。

会員証
社団法人 日本プロゴルフ協会
氏名
NAME
内田 棟
MUNAGI UCHIDA
生年月日
DATE OF BIRTH
1916/
会員番号
MEMBERSHIP No.
クラス
CLASS
TCP-A
入会年月日
DATE OF ADMISSION
1971/
効期限 12/2016
ALID THRU
E PROFESSIONAL GOLFERS' ASSOCIATION OF JAPAN
N OF JA

第2章　遅咲きのプロゴルファー

技術は盗んで覚える

軽井沢ゴルフ倶楽部でもキャディーマスターをしながら会員をレッスンし、また倶楽部をやめてからも大勢の生徒さんたちにゴルフを教えてきました。ですが、私自身は誰かに手とり足とりゴルフを教えてもらったことはありません。まったくの独学です。

キャディーを始めた10歳の時から、上手なお客様のスイングや、ゴルフ場の先輩がお客様に教えている様子を見たりして、ボールを置く場所からゴルフのマナーまで、ああでもない、こうでもないと、いろいろ試しながら自分の型を作ってきました。

もちろん自分でコースを回ることはできませんから、お客様と一緒にコースを回りながら、お客様のアドレスやトップなどを見て覚えておくんです。それで、仕事が終わってから、箒《ほうき》があれば箒を、熊手があれば熊手をとにかく振り回す。前にも書いたように、最初は自分のクラブなんて持っていませんでしたからね。箒や熊手は長さもちょうどよくて、それほど重くないのに抵抗感があるから、案外いい感覚がつかめました。

私が若い頃は職人でもなんでもそうでしたが、「教えてください」と言って、親切に教えてもらえるなんてことはありませんでした。ゴルフ場でも、レッスン料を払うお客様にはちゃんと教えるけれど、部下や後輩に無料で教える奇特な人などいませんでした。

だから、うまくなりたかったら、先輩や上手な人がどうやっているのかをよく観察して、自分で試行錯誤しながらやっていくほかありません。

盗んで覚える、ということです。

ある時、私がいつものように自己流で練習していると、それを見ていた先輩のレッスンプロが「ウチ、あそこで練習していたけれど、何番のクラブで打ってたんだ?」と聞くのです。私が「7番です」と答えると、「7番の打ち方はあれでいいのかい?」

と一言だけ残して、行ってしまいました。

「おかしなことを言うな……」と思いましたが、プロがそう言うんですから、どこかに悪いところがある、ということ。その先輩は私にすべてを教えるわけではなく、ヒントを与えて、私が自分で考えるよう、仕向けてくれたのでしょう。今まで以上によく考えながら、フォームを盗むようになりました。

今思えば、「あの時、こういうふうにすればよかったのに、なぜ、あんなところへ球が行ってしまったんだろう」などと、自分なりにいろいろ考えながらやったのは、よかったと思います。ゴルフは「考える」スポーツですからね。

教えられたままにやっていたのでは、自分の頭で考える、ということが、かえって難しかったでしょう。

勤務時間後の「秘密の練習」

私は「どうしても、やりたい」とゴルフを始めたわけではありません。ですが、やはり、ゴルフをうまくなりたかった。うまくならなければいけなかった、というほうが正しいかもしれません。

お客様からお金を頂くというのは、私の知識や技術への対価ということです。当然、自分が上手でなければいけない商売です。技術が未熟だったり、自分がよく知らなかったりで、ちゃんと教えられないというのでは、やっていけません。

お客様にまっすぐ打ってもらうには、自分がまっすぐ打てないと。そのためには、自分の技術を向上させるしかありません。

最初はスイングでも、アドレス、テークバック、ダウンスイング、インパクト、フォロースルー……それぞれ何に気をつければよいのかさえわからない。腕の上げ方、肩の入れ方、体重移動、自分であれこれ考えながら、ひとつひとつ試していくしかありませんでした。

ただ、いくら練習したくても、軽井沢ゴルフ倶楽部は「名門」ですから、お客様がいないからといって、従業員がプレーするなんてことは許されません。

戦後すぐの頃は、倶楽部に練習場もなかったので、袋の中にロストボールを集めておいて、仕事が終わると、誰かのお古のクラブをかつぎ、コースに向かって打てるような場所を見つけて、こっそり練習に励んでいました。アップダウンのダウンのところの、陰になっている場所などが、「秘密の練習場」でした。

コースを回るのも、1番や10番からスタートしたら、すぐに見つかってしまいますから、2番や11番からプレーするんです。

今だから言える話ですが、「秘密の練習仲間」には、近所の郵便局員といった、倶楽部の職員でない人も交じっていました（笑）。私の仕事がなかなか終わらないと、「倶楽部の人にわからないように、その辺でちょっとパターでも練習して待っていて」と言って、待っていてもらったりしてね。

そうやって、毎日毎日、暗くなってボールが見えなくなるまで練習しました。ちょうど30代の頃です。スコアもハーフで42か43、たまに30台を出していたと思います。

素人が見よう見まねでやってることですから、笑い話みたいなことも多かったですね。軽井沢ゴルフ倶楽部の14番はロングホールですが、4打目、グリーンにのったような気はするんだけど、グリーンのエッジまで捜してもボールがない。「もうあきらめよう」とピンを抜いたら、カップインしていたなんてこともありました。

次第に、勤務時間後だけでなくて、営業前の早朝にも、人目を盗んで、練習するようになりました。しばらくすると、倶楽部の練習場もできましたが、クラブハウスから練習場は丸見えですから、あんまり大げさなことはできなかったですね。

軽井沢ゴルフ倶楽部での勤務も長くなると、倶楽部に来ていたプロゴルファーに気になっているところを教えてもらえるようにもなってきました。自己流だと人に教えるには限界がありますから、プロのアドバイスはとても有り難かったですね。

台湾出身で、多くのゴルファーのバイブルとなった『陳清波《ちんせいは》の近代ゴルフ』などで日本のゴルフ界に大きな影響を与えた陳清波プロや、3週連続の完全優勝がギネス記録にもなった謝敏男《しゃびんなん》プロには、特にお世話になりました。

陳さんは気さくな方で、私が練習しているのを見て、「内田さん、ちょっと違うところがあるね」と向こうから声をかけてきてくれるんです。「陳さん、どういうふうにやったらいいですか?」と聞くと、「こういうふうにするといいよ」なんて、スイングを親切に教えてくれました。

その後、私がプロとなり、シニアの試合に出るようになってからも、顔を合わせる度、陳さんたちには「内田さん、元気だね」などと、いつも励ましてもらいました。異国で苦労しながら活躍された分、他人の苦労もよくおわかりだったのでしょう。

ベストスコアは62

練習の成果を思う存分発揮できたのは、私が40~50代の頃行われていた、軽井沢ゴルフ倶楽部のキャディートーナメントでした。このトーナメントでは、堂々と倶楽部のコースを回ることが許されました。

2回目か3回目のトーナメントの時です。

前半の9ホールはあまりうまくいきませんでしたが、後半になってバーディが取れるようになってきました。すると、18番ホールで、グリーンキーパーが「おう、うっちゃん、そのパーパットに酒一升を賭《か》けようよ。頑張って！」などというものだから、変な力が入ってしまって。

結局ボギーでした。平常心がいかに重要かということですね。

私がベストスコア62を出したのも、40代の時に参加した、このキャディートーナメントでした。

キャディートーナメントなので記録には残っていませんが、勝手知ったるコースでしたし、「秘密の練習」のおかげもあったのだと思います。

55歳でプロになる

昭和46年（1971年）にプロテストを受けました。55歳の頃です。

周囲のすすめもあってプロになりましたが、実はプロになりたい気持ちがそう強くあったわけではありません。アマチュアでもプロでも、ラウンドでベストを尽くそうと努力するのは同じ。勝利を狙うのは大切ですが、勝つだけがゴルフではありません。キャディーマスターの仕事を通じてアマチュアのすばらしいゴルファーをたくさん見ていたこともあったと思います。

PGA（日本プロゴルフ協会）が認定するプロゴルファー資格には、トーナメントプレーヤー（ツアープロ）とティーチングプロ（レッスンプロ）の2種類がありますが、私が取得した資格はティーチングプロです。

ティーチングプロになるにも、今は実技審査、筆記試験、講習会を受けるなど、な

ちょうどプロになった頃の写真

かなか大変だと聞いていますが、当時は、私のようにそれなりのキャリアがある場合は、協会の「認定プロ」のような形でプロになるという道もありました。

ですから、いきなり実技試験です。勤め先の軽井沢ゴルフ倶楽部に試験官が数人やってきました。確か、ＰＧＡの会長と小寺酉二さん、あとプロが2、3名いたでしょうか。

5ホールくらい試験官がついて回り、それで終わりです。こんなことでテストに通るのかどうか、自分では心配でしたが、ショットはわりあいよくできたという感触はありました。

2、3日後に通知が来て、封を開けてみたら「合格です」と書いてある。一発合格でした。55歳と、いきなりシニアの年齢でプロになるなんて、遅咲きもいいところですね（笑）。

けれども、なろうと思ってなったわけではないプロの資格を得たことで、私の人生は、新たな局面を迎えることになったのです。

6年かけてゴルフ場を設計

プロテストに合格して間もない時でした。

すでにトーナメントプレーヤーとして活躍していた長男の袈裟彦が、ある日「ゴルフ場の設計をしないか」と言ってきました。話を聞いてみると、「自分に来た依頼だけれど、ツアーで忙しくてできないから、父さん、代わりにやってくれないか」というわけです。

場所は山形の東北カントリー倶楽部（現在は閉鎖）です。最初頼んでいた設計者が亡くなってしまったので、急きょ、お鉢が回ってきたということでした。

両天秤《てんびん》ではできない仕事ですから、長年勤めた軽井沢ゴルフ倶楽部を思い切って退職し、単身、山形に行きました。

現地に行ってみると、コース造成地になっていたのは、熊も嫌って入らないような密林地帯。わずか数メートル先に人が立っているのに、声だけ聞こえて、姿がまったくわからないというくらいの荒れた土地でした。

豪雪地帯ですから、木が雪の重みで全部ひしゃげていて、歩く度、木の枝につま先がひっかかってしまいます。一歩を踏み出すのも簡単にできず、相当な時間をかけなければ、ちょっと先で待っている人のところへも行けないというのには参りました。

社長のオーダーは「ノータッチでプレーできるようなゴルフ場が欲しい」ということ。そんなことが本当にできるのかと思いましたが、だからと言って、逃げ出すわけにはいきません。一度引き受けた仕事ですからね、なんとか形にしなければという気持ちでいっぱいでした。

雨だろうと夜だろうと、山の中をひたすら地道に歩きまわりました。生い茂る木を伐《き》り払うために、袋に小さな鋸と鉈《なた》、それから測量に使う巻き尺を入れ、グリーンの位置に立てる目印の赤い旗と、ティーグラウンドに立てる白い旗を用意しての山歩きです。

その頃は双眼鏡も持っていませんでしたから、測量といってもロープを投げて大きな木の枝に引っ掛け、木をよじ登って、視界を遮る枝葉を伐り落としてから、「あの木の上に赤い旗を立てろ」などと指示を出す程度のことです。

設計は、そうやって見てきたものを、マッチ棒で目算し、白紙の上に「この辺かな」と鉛筆でグリーンやティーを描くというもの。本当に原始的な作業でした。

ですが、子供の時からキャディーとしてお客様と一緒にコースを回っていたので、コース作りの勘所はわかっていました。18番ホールのグリーンはクラブハウスに近いところにした方がプレーヤーは張りあいが出るとか、ピンの位置はこのあたりにした方が下手な人でも入れやすいとか、自分の経験が形になっていくのは、なかなか達成感のある仕事でした。

単身赴任中は、時々、公衆電話から自宅に電話をかけるぐらいで、ほとんど軽井沢にも帰りませんでした。

結局、6年の年月を費やして、ゴルフ場は完成しました。

オープンした当時の広告

オープンした時の「プロがつくった6777ヤード・パー72の本格的チャンピオン・コース」というゴルフ場の売り出し文句と「コース設計　内田棟」という名前が載っている広告を見た時は、感慨深かったですね。

ここの支配人もしばらくやりましたが、お見えになるお客様たちの中には、テレビを寄付してくれる人がいたり、「何か不自由があったら、できることはするから、言ってくれ」という人がいたり、みなさん、とても親切でした。

山形は将棋の駒作りで有名ですが、ある時、ひとりのお客様が「こんなに客に対して親切に丁寧にやってくれるゴルフ場は山形にはない。それにゴルフ場の質もいい」と言って、「支配人が今後栄えるために」と、大きな王将の駒をプレゼントしてくれました。軽井沢まで持って帰ってくるのは大変でしたが、感激しましたね。記念に有り難く頂戴しました。

それまで私は軽井沢ゴルフ倶楽部しか知りませんでしたから、山形のお客様の素朴であたたかい雰囲気がとても好きでした。

その後、軽井沢に戻りましたが、苦しいことも嬉《うれ》しいことも多かった山形での日々を、懐かしく思い出します。

試合の賞品は「日本刀」

57歳の時に出場した、日本プロゴルフシニア選手権での3位は私のこれまでのゴルフ人生の最高成績です。

その頃は、「シニア」でなくて「セニア」と言っていました。賞品は、なんと日本

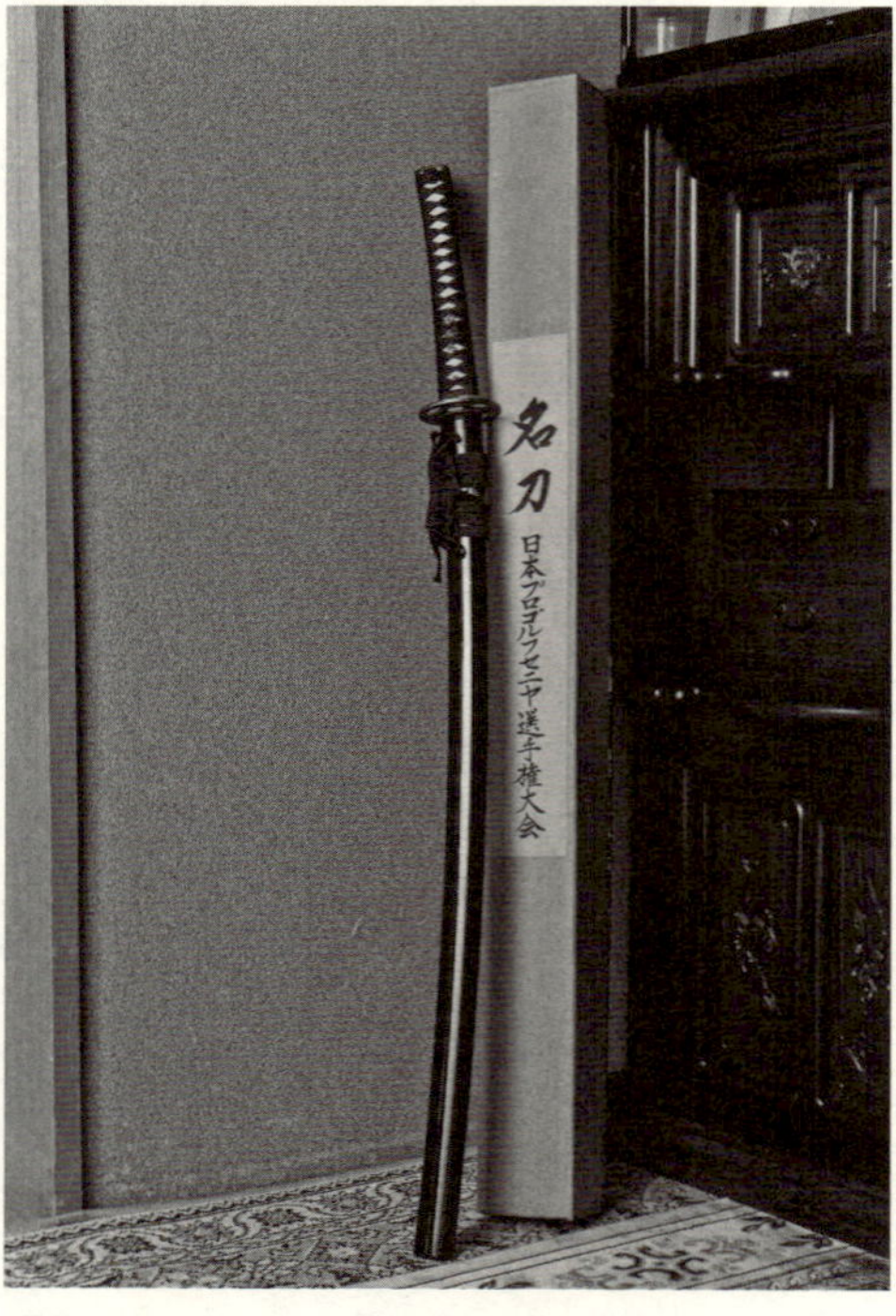

刃入れはしていませんが、かなり重い日本刀です

刀でした。

その時の優勝者は、戦後プロとして活躍し、女子ツアーの発展にも寄与された中村寅吉さんでした。「おう、何やってるんだ、お前が来ないから表彰式できないじゃないか」なんて言われたのを覚えています。

その頃は、飛距離もけっこう出ていました。一時は、280ヤードぐらいは飛びました。使っていたのはパーシモンのクラブでしたから、今のクラブなら、もっと出ていたんじゃないかと思います。

朝から晩までレッスンの日々

軽井沢に戻ってからは、大勢の生徒さんへのレッスンで忙しい日々を送りました。

今はホテルになっていますが、当時、軽井沢の駅の近くに、300ヤードぐらい打てる大きな練習場がありました。そこでレッスンをしている時は、昼飯にも出られないほど、朝から晩までゴルフレッスンをしていました。仕事が終わるのは、毎日夜の11時ぐらいです。そのほかにも合計3箇所を掛け持ちして、レッスンをしていました。

こちらもフリーになって一般の生徒さんに教えるようになったばかりでしたから、お客様の様子をつかむのに一生懸命でした。

元々、自分自身が独学でゴルフを覚えていますから、生徒さんにも、ただやり方を教えるというだけではなく、自分で考えてもらいたいと思っていました。

うまくできないとイライラしてしまう生徒さんには、「こういうことは誰でもよくあることですよ」と言ってあげると、生徒さんも「そうかな」と一息おいて、考えることができる。興奮している人にはなるべく穏やかに、そしてシンプルにアドバイスするようにしました。

ゴルフに限らず、人に何かを教える時、教える側が熱くなり、教わる側がどんどん畏縮するということがあります。その根底には、教える側の「なぜわからないんだ?」「なぜできないんだ?」といういらだちや戸惑いがあるのです。

でも「わからない」「できない」のではなくて、単に「知らない」だけだと私は思います。知らないのですから、できないのは当然。教える側は知識を与えればいいのです。

ただ、あれこれ言い過ぎても生徒さんはワケがわからなくなる。もちろんまったく何も教えないのでもダメ。そのちょうどいい塩梅を見つけるのは簡単ではありません。だから、アドバイスはシンプルに、相手の習熟度に応じてひとつずつ加えていくべきです。

教えるということは、やさしいようで、非常に難しい。教える側も気を長く持っていないといけません。

私は家では「怖い」と言われますが、レッスンは丁寧だと評判で、生徒さんが絶えることはありませんでした。こちらとしても、早く生徒さんに上手になってもらわないと、次の生徒さんをとることができませんしね（笑）。

おかげさまで、私が教えた人は「フォームがきれいだから、内田さんの生徒だとすぐわかる」と言われます。当時の生徒さんたちは、今はもうそれなりのお歳になっているでしょうが、中には県のアマチュア大会に出るような人もいました。

「人のふり見て我がふり直せ」と言うように、「ああ、こういうことで失敗するんだな」と気づかされるようなことも多く、自分のゴルフにも参考になったものです。

人に教えることで、教えられるのです。

14本のクラブが揃うまで

商売道具とはいえ、クラブを手に入れるのには本当に苦労しました。

本物は高かったですから。

誰かのお古をすこしずつ集めたり、お客様が折って捨ててしまったものを修理して使っていたりしました。

フルセット14本のクラブが揃ったのは、戦後軽井沢ゴルフ倶楽部に勤めるようにな

作業場は自宅にふたつあります。万力やバーナーなど一通りの工具を揃えています

作業していると時間を忘れて没頭してしまうことが多いんです

ってから数年経った、32歳の時でした。

当時は、打った球がただ前に飛べばいいと安直に考えていたので、今から思えば、メーカーもバラバラで、ただ数が揃ったというだけのことでした。ですが、「やっと、ここまで揃ったか」と、とても嬉しかったのを覚えています。

私は、今でも毎日クラブのチェックを欠かしません。外でクラブを振れば、土や砂をきれいにふきとり、ピカピカにする。プロとして、道具を大切にするのは当然のことです。

今でも自宅には小さな作業場があり、修理のための工具が揃えてあります。クラブをいじるのは好きですね。1日中触っていられます。

最初は、お古のクラブのフェース面のへこみを直す程度でしたが、次第に、いろいろな修理をほどこすようになりました。

東京から来たプロが使っているスチールのクラブを見せてもらうと、さっそく自分のクラブのシャフトをスチールに差し替えて、「やっぱりスチールは飛ぶなあ」と喜んだりしていましたね。

プロになって独立してからは、メーカーと組んで開発を行う機会もありました。自宅に「内田プロショップ」の看板を出したのも、その頃のことです。自宅の作業場で、レッスンしていた生徒さんたちや近くのゴルフ場からの修理や調整の依頼に応えてきました。プロでも自分でクラブをいじれない方がいますし、ましてやアマチュアは、なかなか自分でグリップの太さを変えるようなことは簡単にはできませんからね。

お客様が自己流で改造してダメになりかけたクラブを引き取ることもよくありました。自分の使いやすいようにライ角も変えて、いいクラブに仕立て直したことも何度もあります。

私は自分がやる仕事はなんでもきちっとやらないと気がすまない性分なので、クラブの修理でも「仕事が丁寧だ」と、お客様に喜ばれました。

今でも、この作業場にいると時間を忘れてしまいます。歳をとって姿勢や体つきも変わってきたので、ロフト角やライ角の再確認も必要です。グリップも交換し、手になじむまで妥協しません。

クラブの修理は、細かい作業や微妙な力加減が必要な仕事です。万力を使うような作業もありますから、やっぱり体力も要りますね。１００歳になった今でも、クラブを触っているのは本当に楽しく、時を忘れさせます。

自分にとってのゴルフとは

90歳の時には、44・46のスコアでエージシュートも達成しました。まさに、長くやっているからこそのエージシュートです。

２０１２年に出場した日本プロゴルフゴールドシニア選手権大会の関東予選では、1ラウンド96、２ラウンド１０２で回りました。

ゴールドシニアは68歳以上が出場できる大会ですが、もちろん、いつも私が最高齢

Competition

Date 4.19. 8.26

Player 内田 樑

Birthday 昭 5. 10. 9

No.	HDCP	Yardage C.T	B.T	R.T	F.T	PAR	とも		様					
1	9	388	352	314	281	4	8		6	4				
2 トイレ 避難所	3	505	477	436	393	5	9		6	3				
3	15	175	146	124	104	3	5		3	2				
4	1	467	435	397	348	4	5	1	5	2				
5 売店 トイレ	13	357	326	289	241	4	6	2	4	2				
6	7	376	335	297	267	4	6	2	5	2				
7	17	209	188	176	142	3	4	2	5	3				
8 避難所	5	523	487	449	415	5	9		7					
9	11	422	395	364	326	4	6		5					
Out		3,422	3,141	2,846	2,517	36	58		46					
10	10	369	343	307	278	4	7	3	5	2				
11 トイレ 避難所	4	380	350	320	292	4	7	3	5	2				
12	16	189	164	141	109	3	5	3	4	3				
13	2	559	525	485	451	5	6	2	5	2				
14 売店 トイレ	14	374	342	286	250	4	5	2	4	2				
15	8	410	380	342	283	4	6	2	6	3				
16 避難所	18	201	170	138	108	3	3	2	4	2				
17	6	507	480	440	408	5	9	3	6	3				
18	12	436	402	373	324	4	6	3	5	2				
In		3,425	3,156	2,832	2,503	36	54		44					
Out		3,422	3,141	2,846	2,517	36			46					
Total		6,847	6,297	5,678	5,020	72			90					
Handicap														
Net Score														

Attest

マナーとエチケットを大切に!!
ハーフラウンド2時間を目標にお願いします。

娘とラウンドをした時のスコア表

です。今は腰を痛めていますが、すこし前まで年間60ラウンドは回っていましたし、早く腰を治して、またプレーを再開したいですね。

ラウンドする時は、キャディーをやってくれる娘とふたりで回ります。ハーフで上がることはありません。休憩をはさむのが嫌なので、18ホールを一気に回ることもよくあります。ラウンド中に雨が降ってきても、途中で帰るということはしません。

たとえ娘とふたりきりのラウンドでも、試合と気持ちは一切変わりません。どんな時でも真剣ですし、ベストスコアを目指します。ショットがうまくいかない時は、娘しかいなくても、「今のはミスショットだから、これは打ち直しをする」と必ず断ります。やはりマナーですから。

こうやってラウンドしていると、「勝つことが嬉しいゴルフ」とはまた違う深みがあります。「自分のゴルフ」を追求し続けることもプロとしてのありようだと私は思っています。

「その歳まで続けているなんて、よっぽどゴルフがお好きなんですね」と言われるこ

90歳の頃です。今より10キロ以上体重がありました。腰まわりもしっかりしていますね

ともありますが、おもしろいとか好き嫌いとかではなく、「これをやらなくちゃいけない」という気持ちでずっとやってきただけ。

その時々で目の前にある「なすべきこと」をやってきた結果、「ゴルフはおもしろい」「ゴルフが好きだ」となったのです。

ゴルフをやめようだなんて、これっぽっちも思っていません。「これからもゴルフで飯を食っていく」という意気込みでいます。ドライバーで１８０ヤードと飛距離ではもう若い人にかないませんが、アプローチではまだまだ負けません。

「教えてほしい」という生徒さんたちもたくさんいますし、今でも請われれば、生徒さんには自宅の庭でレッスンをしています。道具の修理や調整の依頼も絶えません。

この歳になっても忙しいなんてとても結構なこと。本当に有り難いと思っています。こういうことが豊かな老後、ということなのかもしれませんね。

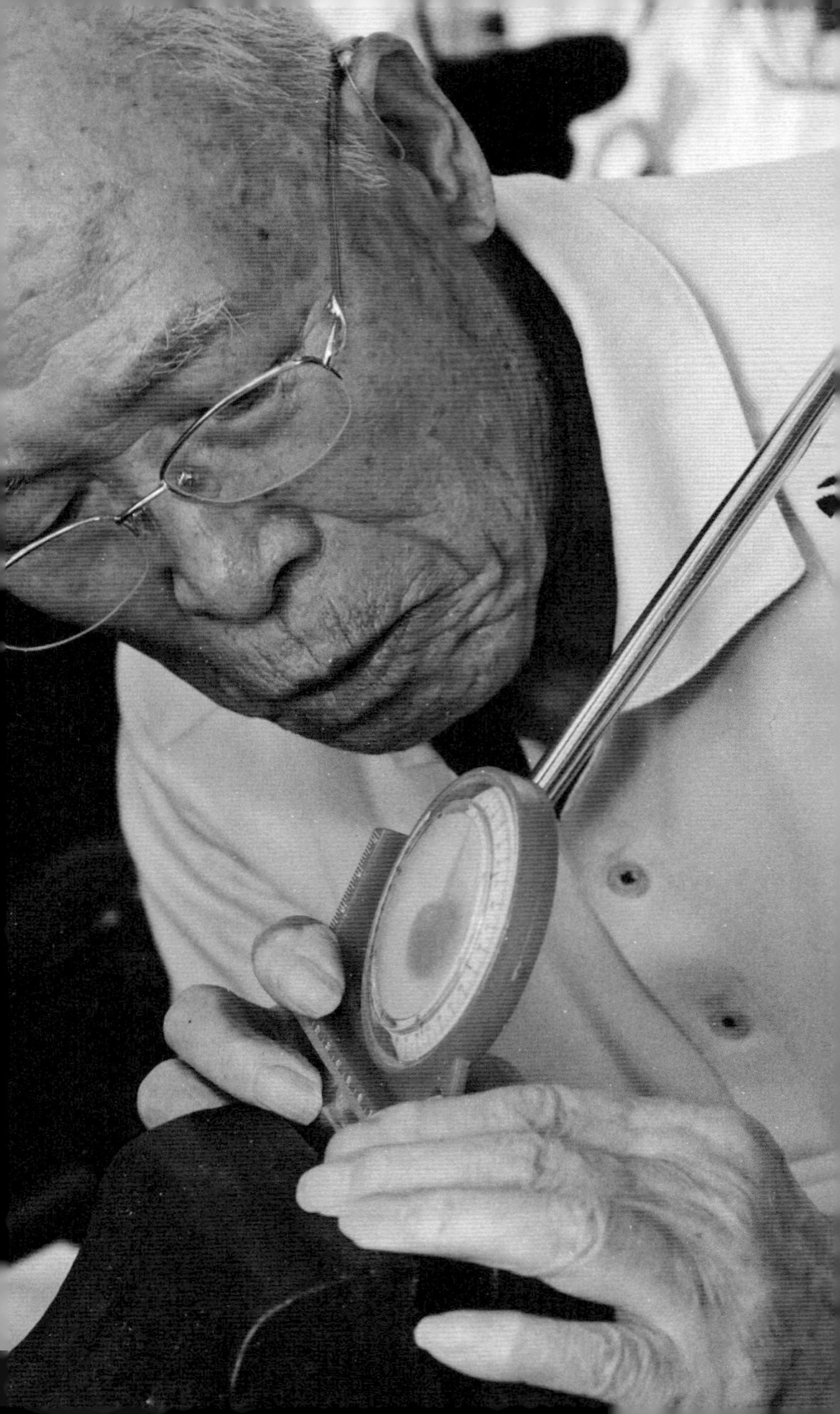

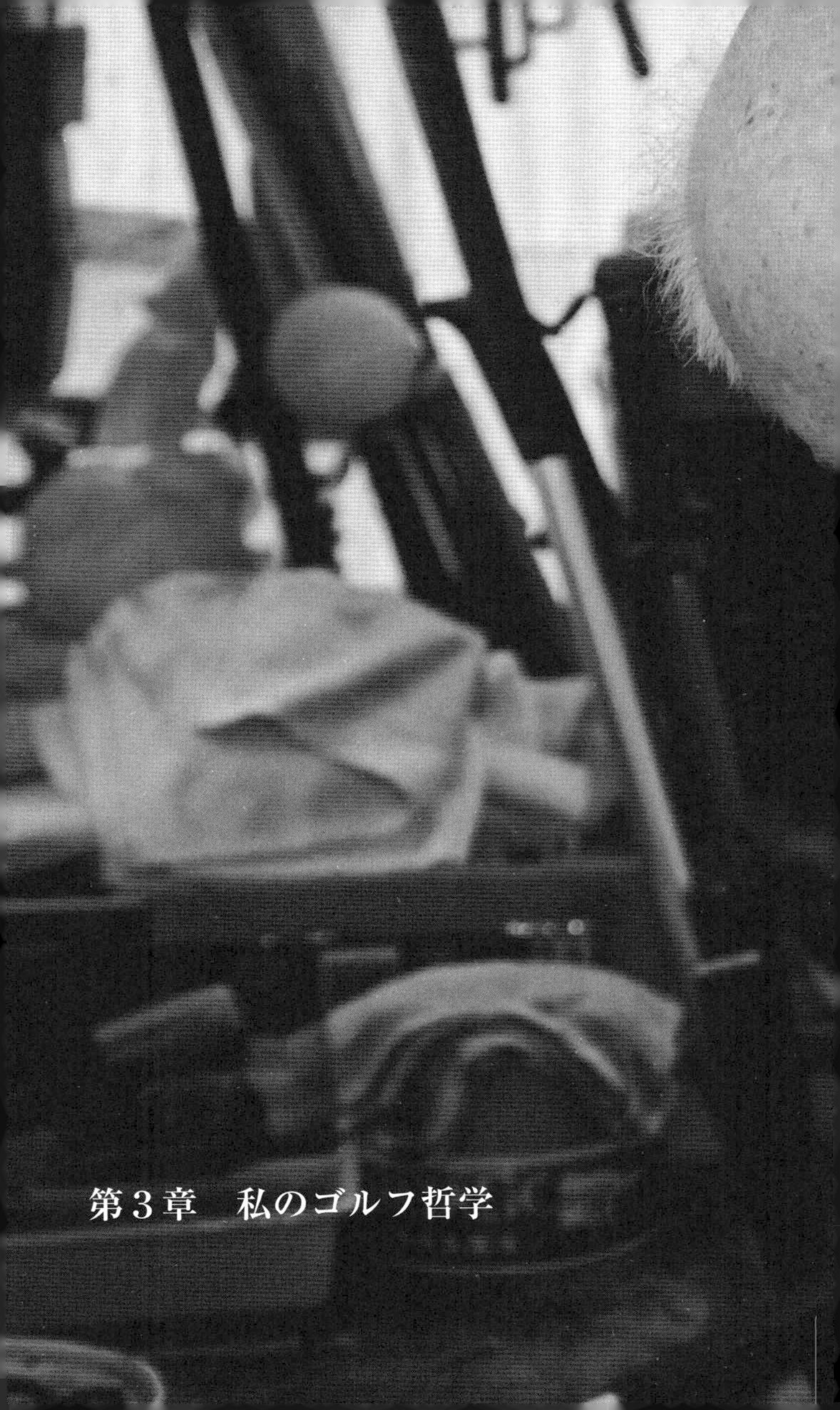

第3章　私のゴルフ哲学

何が「正解」かは自分で見極める

ここですこし、ゴルフの技術的なお話をしてみましょうか。

100歳のプロゴルファーが、どんなことを考えてゴルフをやっているのか、ご参考になることがあるかもしれません。

レッスンプロとして、大勢の生徒さんたちを教えてきた経験も踏まえつつ、ゴルフをやる上で大事なことを、いくつか、お伝えしていこうと思います。

まず、私は自分が自己流でゴルフを覚えたからこそ、あえて言いたいのですが、アマチュアの人はできればレッスンプロに教わってほしいですね。

これは、自分がレッスンプロをやってきたから言うわけではありません。

私の場合は、幸い、周囲に上手なプレーヤーが大勢いたので、見よう見まねでも、なんとかやってくることができました。しかし、独学は時間もかかりますし、変な癖がついたり、間違った方法のまま迷路に入りこんで抜け出せなくなったりする危険もあります。

プロや上手な人のやり方を学ぶことで、きちんとした基本が身につきます。基本こそすべて。基準となるものがちゃんとしていれば、何かでズレが生じても、そこに立ち返ることができる。これは、長くゴルフを楽しむ上で大事なことです。

といっても、教えてくれることを鵜呑《うの》みにしているだけでは、進歩は望めません。ゴルフは奥が深いもので、ひとりひとり体格が違えば、ぴったり来るフォームや道具も変わってきます。誰かにとっていいものが、ほかの人にもいいとは限らないし、何が自分にとっての「正解」なのかは、結局、自分自身で探し当てるものだと思います。

そのためには、「聞く耳」を持つことです。人との付きあいを粗末にせず、いろいろな人の意見を聞いて、どれが自分の「正解」なのかを吟味し、よく検証する。そうして見極めていかなければなりません。

あとはひたすら練習です。
毎日毎日、ボールをよく見て、振る。振る。振る。
素振りでいいので、とにかくコツコツやることをお勧めします。
私の経験から言っても、日々の練習は、決して嘘《うそ》をつきません。
ゴルフの極意は、「基本的なものを努力を重ねてマスターしていくこと」。
それに尽きます。

クラブは高ければいい、というものではない

前章でもクラブの話をすこししましたが、道具の重要さをわかっている人が、どれだけいるでしょうか。

アマチュアの人たちを教えていて、ショットの球筋やスイングを見ていると、「この人のアイアンのライ角は身長に合っていないな」という時があります。

それで、ちょうどいい角度に直してあげると、「ボールが随分、まっすぐ飛ぶようになりました」と嬉しそうに報告されます。

うまく打てないのは、技術的なこともあるけれど、案外、道具がその人に合っているかどうかが関係していることも多いのです。

時代とともに、クラブは大きな変化を遂げてきました。パーシモンのウッドからスチール、カーボン製になり、大きく飛距離も伸びるようになりました。

クラブは、ライ角や重量、グリップの太さ、シャフトの硬さなど、自分に合ったものをきちんと選ばなければなりません。メーカーもそれぞれ、好みがあるでしょう。値段が張るクラブもありますが、クラブは高いからいい、安いから悪いというものでもありません。

私自身、クラブを買う時は、メーカーのお仕着せではなく、店に行って、1本1本、実際に感触を確かめながら、自分にぴったり合うものを選んでいます。

さらにそれに手を入れて調整し、グリップは交換するなど、自分が使いやすい、オ

キャディーバッグもよく磨いているので、新品のように
保っています

リジナルの道具に仕上げます。

調整も、一度これでよかったから、ずっとそのまま、というわけにはいきません。年齢によって体格や姿勢も変わっていきます。ある意味、終わりのない作業と言えますね。

使いやすいバランスやライ角なども変わってくるので、定期的にクラブのチェックをしています。ドライバーのロフトも以前は10度でしたが、最近はボールが上がりやすい11度にすることが多いですね。

自分でクラブが買えるようになってから、よく使っていたメーカーは、本間ゴルフでした。自分で改良したものをメーカーに渡して、私専用のものを作ってもらったこともあります。

89歳の時に10年ぶりに試合に復帰した時は、ワークスゴルフのドライバーを持っていきました。けっこう飛ぶものですから、最近までお気に入りでした。ソールに厚みがあるのはあまり好きじゃなかったんですが、この歳になると、飛距離が出るクラブは大事ですからね。

時代とともに道具もどんどん改良されて、使いやすくなっているのは確かです。

今使っているメーカーは、クリーブランド、マジェスティ、マルマン、マックテック、キャロウェイなど。改めて並べてみると、いろいろ持っていますね（笑）。

道具を知ることが上達への道

特にパターは、プロにとっても飯の種を作ってくれる大事なクラブです。その日の体のコンディションによって、重さや感覚が違いますので、一流のプロともなれば、家で練習するパターは何本あってもいいぐらいで、多い人になると50本ぐらい持っていると聞いたことがあります。

私も、いつも3本はリビングに置いておいて、いつでも打てるようにしています。3本のうち1本は、どんなコンディションであっても、いつでも同じように振れるようにしておきたいですからね。たくさん練習して、とにかく感覚を自分のものにしないといけません。

アマチュアでも、ある程度球が打てるようになったら、やはり最低でもパターは2、3本、それもライ角や長さが、ちゃんと自分の体格に合ったバランスのものを持つようにしたいですね。

自分の構えやすい前傾姿勢を見つけて、それに合ったパターのシャフトの長さを見つけだすことも大切です。「長すぎるパター」を使って、アドレスが崩れているアマチュアも見かけます。

どんなクラブが合っているのか、アマチュアが自分で見定めるのは難しいものです。できればプロと一緒に買いにいって、アドバイスをしてもらうといいと思います。

そして、クラブの構造がどうなっているのかについても、教えてもらいましょう。

たとえば、重心がクラブのどこにあるかを知ることは非常に重要です。

ボールを打つ時には、自分のクラブの〝芯に当たる〟という感覚をつかまなければいけないのですが、それがどういうことなのかも、重心の位置をはじめとするクラブの構造を知ることで、ずっとわかりやすくなるものです。

ちなみに、フェースの真ん中に印がついているクラブもありますが、そんなところで打ってはいけません。ボールを引っかけたりスライスしたりしてしまいます。

テレビ中継などでプロがボールをどこで打っているのか、よく見てみましょう。合わせるのは印のところでもいいのですが、打つ時は、もっとネック寄りのところで打っているはずです。正確に打てるし、距離も出ます。インパクト時のトウダウン現象を加味すると、イメージとしては、シャフトの延長線上に近い位置で打つ。そうすれば〝芯〟に当たって、まっすぐ飛びます。

当たった時の〝カチン〟という音で感覚をつかむのもいいと思います。これが〝バシャン〟となると、当たっている場所が違うということです。

左手は舵、右手はエンジン

グリップを握る時は、左手はしっかり握り、右手は添える程度ですが、返すというより、はたくイメージです。左手は舵《かじ》、右手はエンジンという役割になりますね。アマチュアは、スイングで力を抜くのが難しくて、どうしても力まかせの手打ちになりがちです。それでも、「左手でしっかり握って、右手で打つようにしてごらんなさい」というと「あ、ゴルフってこんなにやさしいんですか」と言われたりするんですよ。

舵である左手は親指以外の4本の指を並べて握りますが、まっすぐ飛ばすポイントは、中指のこぶ（ナックル）を目標に向けることです。

舵がぐらつくと軌道が曲がってしまいますから、スイング中、左手の角度は変えないようにし、ボールを見ながら右手でパーンとはたく。これは、ドライバーからパターまで変わらない、基本中の基本です。ただ、アプローチで右手を強く使い過ぎるとコントロールできなくなるので、そこは加減しましょう。

スタンスの幅は、身長にもよりますが、その場で1歩、2歩、3歩と足踏みするようにアドレスに入るのがポイントで、そうすると自然に構えられます。

テークバックに入る前に、右膝を左のほうにわずかに押しつけるようにすると、一度重心が左に移るので、バックスイングでは逆にしっかり右足に体重をのせやすくなります。

テークバックでは肩と肘を楽にして、クラブを上げていき、トップの位置は上がり過ぎないようにしましょう。グリップ位置は右耳と右肩の間くらいが、余計な力が抜け、一番力を使えます。

耳以上に上がってしまったら、オーバースイングだと思ってください。

ゴルフショップで撮影してもらったスイングの連続写真

さらに、右肘が開いてしまうと、力のロスが生じたり正しいスイングの弧からはずれがちです。
ただし、バンカーの場合は、あまり低いとボールを上げられないので、ちょっとアウトサイド気味に上げていきましょう。

右手プラス腰がポイント

すこし前は左腕リードと盛んに言われましたが、今はまた右手を使うという理論になってきたようですね。

右手とともに重要なのは、腰の使い方です。

右手を使うと同時に、腰の回転もそれなりにないと、ボールの伸びは出ません。手だけでは、なかなか難しいですよ。

腰を回す時、その度に回し方が違ってはスコアは安定しません。初めのうちは、いつも同じように腰を回せることを目標に練習していきましょう。

初心者によくある課題としては、ヘッドアップがあります。前傾姿勢のままでいるのはつらいですし、打ったボールの行方が気になるので、つい頭を早く上げてしまうんですね。

見るのはボールが当たっているところで、どこに飛んでいったかは打ってから見るようにしてください。

止まっているボールを打つ難しさとも言えますが、これも練習あるのみです。

時代とともにゴルフも変わる

時代によって、ゴルフのやり方でいいとされるものも、だんだん変わってくると思います。

道具の進化で変わってきたものもありますね。グリップの握り方もそのひとつです。私はスクエアグリップですが、今はストロンググリップが主流です。これは、クラブが進化したことによって、フェースローテーション（クラブのフェースの開け閉め）の技術が必要なくなったことが関係しています。

つまり、昔より今のほうが、簡単に打てるようになったわけです。

シャフトがスチールしかなかった頃は、とにかくスピードを出して打つしかない、と考えていました。でも、今は軽いカーボンのものを私は使っているので、シャフトのしなりを生かして、うまく右手を使うことが大事だと思っています。

慣れ親しんだやり方を変えていかないといけないのですから、こうした変化についていくのも大変です。

ただ、私の場合はヒッコリーのクラブでゴルフを覚えたことがよかったのかもしれません。ヒッコリーのシャフトは、スチールと違って、柔らかく、よくしなりましたからね。

ヘッドがチタンになり、シャフトもカーボンになって、慣性モーメント（物体を回転させたり止めたりするのに必要な力の量）が高くなってからの流れにも、なんとか対応できているんじゃないかと思います。

といっても、昔のやり方が、ひょんなところで顔を出すこともあります。

今の進化したクラブなら別ですが、昔のクラブではなかなかグリーンに上がらなかったんです。

そもそもクラブの数自体が少なかったので、9番やピッチングウェッジを使うことが多くありました。

その時の感覚が今でも残っていて、グリーンにちゃんとのっていないと、キャディーをやってくれている娘が「ここはパターがいいんじゃない」と言ってきても、やっぱり私は9番かピッチングウェッジを使いたくなるんです。

ショートホールでも、娘は「お父さんはドライバーじゃないと届かない」と言うんですが、私の感覚では「ショートホールにドライバーなんて、オーバーしちゃうだろう」と反発してしまう。「いいや、届かないかもしれないから、ドライバーで」と娘も譲らない（笑）。

クラブ選択をめぐって、もめることもしばしばありますね。これは年齢による飛距離の変化とイメージの違いでしょう。

ちなみに、好きなクラブは何かと聞かれれば、私の場合は7番アイアンになるでしょうか。

それはドライバーからウェッジまでの中で、長さもロフトも中間で打ちやすく、スイングの基準をつくりやすいからです。

パターの極意

私が一番得意なのは、パターです。

飛ばすのは若い人たちにはかないませんが、正確さということでは負けません。

パターは難しくもあり、やさしくもあります。グリップの握り方からきめ細かくやりましょう。構えは先程の「基本」の通り、左手中指の〝こぶ〟を必ずカップに向け、フェース面と〝こぶ〟の頂点が一直線になるようにします。

そして、パターもやはり〝芯に当たる〟ことが大事です。パターのライ角はミート率を左右します。まずは、アドレスの時に、きちんと芝生にソールできるようになりましょう。

ヘッドの重みを利用して、狙った方向にフェースを向ける。打つ時のイメージとしては、ポンと打たないで、ボールを押しこんでやる感じです。特にショートパットの時は、ポンと打つと、ミスしやすくなります。

呼吸を止めると同時にパターを動かして、ヘッドの重みを感じながら、ふうっと打つ。

この「呼吸を止める」ということが、非常に重要です。

以前生徒さんが、パターを打つ時に、どうも狙ったところにいかないと首をかしげているので、見てみると、フェースが狙った方向に向いていません。

まっすぐ打つためには、テークバックからフェースがボールに当たるまでは体を動かしてはいけません。それをどういうふうに説明したらいいか悩んでいた時、軍人時代に射撃を習った時のことを思い出しました。

射撃もやはり、撃つまで体を動かしてはいけないのですが、ポイントは呼吸にあるんです。

呼吸しながら撃とうとすると、銃口が震えてブレてしまいます。これは、射撃だけでなく、弓や射的も共通していますね。呼吸を止めれば、銃口も震えず、狙ったところに撃つことができます。

ゴルフも原理は同じじゃないかと考えて、生徒さんに「ストローク中はずっと呼吸を止めて、躊躇《ちゅうちょ》することなく打つように。呼吸しながら打つとパターがブレてしまいますよ」とアドバイスしてみたら、すぐ上手にできるようになりました。

パターマットもリビングに常時セットしてあるので、テレビ中継などを見てすぐに真似できます

この呼吸を止めて打つというのは、ドライバーでも同じです。

「躊躇なく」というのも大事なポイントです。

ラインを読んだあと、どうしても迷ってしまうというなら、スタート前に練習グリーンなどで強く打ったり、弱く打ったり、あるいは中位に打ったりして、勘をまずつかんでおくといいでしょう。

パターの距離感が難しいという人がいますが、2メートルでも5メートルでも、やる動作としては、そんなに変わりはありません。

私の場合は、グリーンへ上がって、自分のボールのそばに行った時に、まずボールの真後ろからカップとの距離を計算し、ラインがまっすぐか曲がっているか、カップに対して傾斜があるかないか、芝の長さはどうか、といったことを見ています。

芝は機械で刈りますが、傾斜がありますから、長さは当然、変わってきます。伸びのいい場所と悪い場所があって、そこでボールが左右に分かれたりもします。ですから、芝もきめ細かく見ましょう。

うまくいかないからおもしろい

ただ技術が優れているだけでは、ゴルフはうまくいきません。

ゴルフは目標に向かって、いかに少ない打数で球を入れていくかというスポーツですが、プレーの大半の時間は「考えている」だけです。ショットの時間なんて、18ホール合わせても3分くらいのものですから、ゴルフは相当、頭や神経を使うスポーツだと言えるでしょう。

ゴルフは、あまり考えすぎてもいけないし、かといって考えないのでは、なおいけない。

なんとも難しい競技ですね。90年やっていても、まだ正解は出せていません。

人間ですから、失敗は必ずあるものです。18ホールの中でも落ちこんだり、イライラしたりと精神的にもアップダウンしがちです。プロでもそうなのですから、アマチュアではなおさらでしょう。

私も若い時はミスショットをして、カーッとなり、クラブをしならせたことがありますが（笑）、そこでカッカしていたのでは次のホールでいいスイングはできません。ボギーをたたいてしまったら、次は悪くてもパーを目指す。そんなふうに、すぐに気持ちを落ち着かせることの大切さが後々わかってきました。

失敗した時は、慌てず騒がず。

もう過ぎちゃったことは仕方ないんだと、気持ちを切り替えましょう。

たとえ、思うような結果がでなくても、きちんと受け入れる。そして、決して言い訳しない、そんな謙虚な気持ちを持つことが大事だと思います。

これは、私がゴルフから学んだ人生哲学のひとつでもあります。

自分の怒りをコントロールできるのは、結局、自分でしかありません。

腹が立ったり、カッとなるのは誰でもあることですが、怒りの感情のまま行動すれば、事態は悪くなるばかりです。

やるべきことは、クラブや他人に八つ当たりするんじゃなくて、まずは大きく深呼吸、それから素振りをし、心を整えてから、次のホールに行くこと。

それでもなかなか落ち着けない時は、コースの脇まですこし歩くだけでも気分は変えられるものです。

うまくいかない時こそ、騒がない。一度動作を休めて、神経を鎮めましょう。

スランプが続くような時は、体のコンディションを絶えず整えていくことも必要です。体を整えれば、心も整うものです。

池もあればOBもある。人生と同じで、なかなかうまくいかないからこそ、ゴルフはおもしろいんだと思います。

苦労しながらも、自分の思い通りにボールが飛んだ瞬間の喜びは、また格別です。

第４章
仕事ができる人間は ゴルフでムダ口をたたかない

「一流」の人たちが見せる素顔

軽井沢ゴルフ倶楽部は、皇族や華族、政財界の実力者、有名な作家など、「名士」と呼ばれるような人々の集まりでした。

会員制のゴルフクラブですから、みなさん顔なじみで家族的な雰囲気がありました。そのせいか、一種独特な、エレガントでくつろいだ空気が流れていたように思います。服装やマナーなども、「かくあるべき」というものが、きちんと守られていました。

お客様たちにとっては、何かと気の張る日常から離れて気のおけない友人や家族と大好きなゴルフを楽しめる、居心地のよい場所だったことでしょう。

私はキャディーマスターでしたが、お客様たちのレッスンも行っていましたし、仕事柄、ほとんどの会員の方と顔を合わせています。軽井沢ゴルフ倶楽部のゆったりとした雰囲気に気持ちがほぐれるのか、ふと普段は見せない素顔を感じさせる方もいらっしゃいました。

それに、ゴルフというスポーツは、プレーする人の人間性が如実に出るものです。私が身近で接した方々のそんな姿をお話ししたいと思います。

皇族のレッスンは人目につかないところで

皇族にゴルフを教えるなんて、めったにないことだと思いますが、これも私の仕事のひとつでした。

特に戦前には普通なら正面で顔を見られないような方々にもお教えしたのですが、馬鹿にされるようなことは一度もありませんでした。

皇族の方々は、立場上、ちょっと何か聞きたいからと言って、勝手に誰かに気軽に教わるというわけにもいかないんですね。

たとえば竹田宮様は、木の陰など、あまり人目につかないような場所をご自分で一生懸命探されて、「内田さん、内田さん」と、こっそりお呼びになるんです。本当に人柄のいい殿下で、コースはずれでよくミニレッスンをしたものです。

戦後、爵位を返上された後、別の集まりでお会いする機会がありましたが、私のことを「内田」なんて呼び捨てにせず、「内田さん」と声をかけられる、そんな方でしたね。

倶楽部では殿下だけでなく竹田宮光子妃にもレッスンをさせていただきましたが、殿下以上に、とても熱心に練習されていたことを覚えています。そして殿下同様、親しみにあふれた妃殿下でした。

今上天皇の弟君の常陸宮《ひたちのみや》様もよくおいでになりました。

「雨の日には、ズボンを折って、靴下を上にあげたら、ズボンの裾が汚れませんよ」なんてことも教えてさしあげたことがあります。「ああ、そうやると汚れないんですね」と感心していらっしゃいました。

常陸宮様で困ったのは、プレーの途中で、突然いなくなってしまうことでした。ちょうど14番ホールの脇に美智子様のご実家である正田家の別荘があり、そこに寄られて、ティータイムをなさっていたのです。

支配人だった白洲次郎さんの方針で、軽井沢ゴルフ倶楽部ではプレーをしないSPはゴルフ場には入れなかったので、いつもSPの方たちはやきもきされていました。しばらくすると、「もう戻ってこられていい頃なのですが……」と心配して、私のところに相談にやってくるので、バイクで正田家の別荘までお迎えに行ったりしていました。

せっかく息抜きされていらっしゃるのを邪魔するようで申し訳なかったですが、仕方ありません。殿下がそちらにいらっしゃるのは、前から知っていましたからね。

常陸宮様は妃殿下の華子《はなこ》様もゴルフが大変お好きで、おふたりとも、学習院大学のゴルフ部でご活躍されたそうです。

頼れる「上司」だった小寺酉二

軽井沢ゴルフ倶楽部は、会員が上流階級の人たちだったからという理由だけで「名門」になったわけではありません。

英国紳士のスポーツであるゴルフにはマナーも非常に大事な要素です。自分がプレー中にマナーを守るのはもちろん、一緒に回っているプレーヤーがミスした時は声に出さず、いいプレーには拍手をしたり声をかけたりするのは当たり前でした。

ごく自然に、そういう和やかな態度がとれる人は、案外、多くはないものです。

そうしたマナーも含めて、軽井沢ゴルフ倶楽部の「品位」を高めたといえば、小寺酉二さんと白洲次郎さんのおふたりの名前が真っ先に挙げられるでしょう。ふたりとも、欧米への留学経験で「本場のゴルフ」をよく知っておられ、伝統的なゴルフの本道を大切に守られた方たちでした。

まず、小寺酉二さんのことからお話ししましょう。

小寺さんは、アメリカのプリンストン大学に留学中、日本のゴルフ黎明期を担った赤星六郎さんにゴルフを学び、帰国後、名ゴルファーとしてアマチュア界で大活躍されました。戦後は日本ゴルフ協会の常務理事として、日本のゴルフの復興に大きな貢献をなさった方です。

前にも書きましたが、軽井沢ゴルフ倶楽部は最初、9ホールしかありませんでした。でも、当時のゴルフ場ではそれが普通でした。

けれども、昭和のはじめ頃になると、18ホールの優秀なコースが日本にもオープンするようになり、会員も増えたことから、9ホールでは段々、手狭になってきました。ただ、元の場所では地形などの関係からコースを増やすことは無理だったので、新しく土地を求めて、移転することにしたのです。

この時、18ホールの新しいコースを設計したのが、新ゴルフコース建設の発起人のひとりでもあった小寺酉二さんでした。

小寺さんが設計した数々のコースの中でも、軽井沢ゴルフ倶楽部は屈指の名コースと呼ばれています。欧米経験が豊富な小寺さんの特徴は「古典的なイングリッシュスタイル」と呼ばれていますが、軽井沢ゴルフ倶楽部も1番ホールからドロー、次はフェードなど、球筋もいろいろ打たないといけない設計になっています。絶妙なバランスで置かれたバンカーやクリークも効いていて、プレーヤーの力量が試されるタフなコースです。

最初は、とても怖い方だ、という印象を受けました。話し方なんかも、おっとりしていて、英語も堪能、慶應義塾大学の先生もされていましたから、「立派な方だなあ」と思っていましたね。

そのうち、私がキャディーマスターになって、コース管理も任されるようになると、小寺さんと接する機会も自然と増えていきました。

小寺さんは、その後、軽井沢ゴルフ倶楽部の常務理事（現在の理事長）にもなられましたが、倶楽部に来ても、ラウンドはせずにコースを丁寧に見て回るんです。だから、小寺さんのプレーを私は実際に見たことがありません。一度ぐらいは、評判のスイングを間近で拝見したかったですね。

小寺さんは、コースに修理が必要なところがないかどうか、常にチェックしていました。「バンカーがこれだったら、ティーショットを打った場合はもうちょっと距離を伸ばさなくちゃいけない」なんて、私のところへ来て、いろいろ話していましたし、とにかく仕事熱心というか、その誠実さが強く記憶に残っています。「名ゴルファー」「名設計者」以外にも、小寺さんは「頼りになる上司」でもありました。

私は40代後半頃には、キャディーマスターで満足していてはダメだ、と思うようになっていました。ゴルフのことをもっと知るためには、コースの芝についても勉強しないといけないという気持ちになっていたのです。芝を勉強するにつれ、「この機械が必要だ」「あれも必要だ」と、あれこれ考えるようになりました。

でも立場上、私から直接、支配人にそう言うことはできません。

すると、小寺さんが「内田君、欲しいものがあったら、支配人に直接話をしないで、僕に話をしてくれ。僕から支配人に話をして、君の必要な機械を手に入れるようにするから」と言ってくれました。

部下が仕事をしやすいように一肌脱ぐ。上司とはそういうものである、と小寺さんには教えてもらいました。

長い間、随分可愛《かわい》がっていただいたのですが、前述の東北カントリー倶楽部の仕事で軽井沢ゴルフ倶楽部をやめた時は、小寺さんに黙って行ってしまうことになり、不義理をしてしまいました。

山形に行ってから、家内に「小寺さん、トウモロコシが好きだから」と持っていかせたところ、「いろいろと内田の面倒も見たつもりでいたけれども……」と言われて、つらかったそうです。温厚な方でしたから、やんわりとした調子だったそうですが、それがよけいに堪《こた》えたと、家内には後で恨まれました。

毎朝、白洲次郎のジープに同乗

白洲次郎さんは、いろいろな本やテレビなどでよく紹介されていますから、ゴルフ好きでなくても名前を知っている方が多いんじゃないでしょうか。

まさに、軽井沢ゴルフ倶楽部の「名物親父」のような存在でした。「名物」と言っても、「いつ雷を落とされるかわからない」、怖い「雷親父」です。

戦前から軽井沢ゴルフ倶楽部の会員だった白洲さんは、それまでの「常務理事」という名称を「理事長」と変えることも含めた規約改正に伴って、軽井沢ゴルフ倶楽部の初代理事長に就任、昭和60年（1985年）に亡くなるまで、その任にあたりました。

白洲さんが、ともすれば時代の波に流されがちな倶楽部を創立時のあるべき姿へと戻そうと奮闘したことは、よく知られています。

加盟していた日本ゴルフ協会からの脱退もそのひとつです。日本ゴルフ協会加盟によって、プロの競技を行ったり、ほかのクラブの役員などが軽井沢ゴルフ倶楽部で会員並みにプレーできるようになったのですが、白洲さんは、それによって、「避暑のためのゴルフ倶楽部であること」「会員の親睦と家族と共にゴルフを楽しむためのゴルフ倶楽部であること」という創立時の理念が崩れていくことを懸念し、昭和42年（1967年）に脱退を決めています。

もし、日本ゴルフ協会に加盟したままだったら、軽井沢ゴルフ倶楽部の雰囲気は、随分違ったものになっていたでしょう。

白洲さんは、倶楽部が「会員のためにある」ということについては、とにかく徹底していました。

たとえば、プロゴルファーがクラブハウスで食事をしていたら、「あんたは（ここの会員じゃなくて）プロだから、下の従業員食堂で食べろ」と追い払っちゃう。

まあ、会員制の倶楽部だからルールとしてはその通りなのですが、言われたプロは悔しがっていましたね。

ご自分もシングルの腕前でしたし、心の底からゴルフライフを愛していたからこそ、倶楽部のあるべき姿を守ろうとされた方だったと思います。

ターフを取るような打ち方はしないなど、一貫してコースをいたわる姿勢をとっていたし、バンカーもキャディーまかせではなく、自分でならすというマナーを実践されていました。

だから、どんなに「名士」であっても、基本的なマナーを守れない人には「雷親父」とならずにはいられなかったのでしょう。

エピソードにはこと欠きません。

ティーグラウンドでマッチ棒を捨てた客の、わざわざ目の前に行ってマッチ棒を拾う。

煙草《たばこ》のポイ捨てをする客には、「自分の庭にゴミを捨てるバカがどこにいる！」と怒鳴りつけ、吸い殻を拾い集める。

クラブハウスの食堂のテーブルの上に客がのせた帽子を、「食事をするところに汚い物を置くとは何事か」と次々と払い落とす。

くわえ楊枝《ようじ》のまま歩き出した客の口元をバーンと振り払い、その後、食堂の楊枝入れに「くわえ楊枝はやめましょう！」と書いた小旗を立てる。

確かに公共の場でマナー違反をしているほうが悪いのですが、もう二度とここへは来られないというほど、すごい剣幕で容赦なくやられるので、白洲さんがいない時は「今日は白洲さんがいないのねえ」と安心してコースに出るご婦人方もいましたね（笑）。クラブハウスのテラスに座って、プレーする人を双眼鏡でじっと見ているんですから、それは煙たかったでしょう。

また「会員は平等」というポリシーから、相手が総理大臣であろうと誰だろうと、注意すべき場合には同じようにガミガミやっていました。

要人にはＳＰがつくものですが、白洲さんは「プレーしない人間はゴルフ場に入ってはいけない」と中に入れさせませんし、ましてや新聞記者なんて、もってのほかでした。

汗かきだった田中角栄さんがクラブハウスの洗面所にかかっていた持ち出し禁止の

タオルを勝手に拝借しているのを見つけて、「『持ち出し禁止』の文字が見えないのか！」と怒鳴りつけたこともありましたね。あんまりうるさいんで、角栄さんは、白洲さんがいない時でないと、軽井沢ゴルフ倶楽部に来なくなってしまったぐらいです（笑）。

そして、白洲さんと言えば、「PLAY FAST」。

1番ホールのティーグラウンドには「素振りは禁止」の立て札がありましたし、グリーンのラインを読んで周囲を待たせていると、すぐに怒声が飛んできます。

小寺さんと違って、白洲さんは倶楽部でプレーをされていましたが、プレーを楽しむというより、マナーやルール違反の輩《やから》がいないかどうかのパトロールでした。ご自分もせっかちな方だったし、もたもたプレーして、後の組が詰まるのはよくない、と思ってらしたんでしょう。

私の日課は、白洲さんを毎朝ジープに乗せて、18ホールをティーグラウンド、バンカー、グリーンと隅から隅まで回ることでした。

朝になると、白洲さんが「内田はどこだ?!」と大声で事務所に呼びにきます。私がいないと「内田が見えないじゃないか！　内田はどこへ行ってるんだ！」と周囲をせっつくので、私はトイレにもろくろく行けませんでした。

ホールに出て、ティーグラウンドのティーマークが曲がっていたりすると、「あっ、曲がってるな」と一言。そこで私がジープを降りて、走っていって直すのです。とにかくこまめにあちこち寸法を測っては、「ここのカップが浅すぎる」など、厳しいチェックが次々と入っていく。そうやって白洲さんがチェックしたことを私がグリーンキーパーに伝えて、直してもらったりしていました。

いろいろと細かいところはありましたが、私は「怖い」と思ったことはなかったですね。お客様には厳しくても、従業員は大事にする方でしたから、みんなにもとても慕われていました。

でも、私が勤務時間が終わった後にこっそりラウンドしているのを白洲さんに見つかったら大変だったでしょうね。即クビだったと思いますから、見つからなくて、幸いでした。

政財界の実力者たち

財界では、鹿島建設社長（当時）で国会議員にもなった鹿島守之助さんに可愛がってもらいました。

随分体の大きい人でした。まだ他人への教え方がよくわからない頃、先輩が私を呼んで「あの体の大きい人がゴルフ始めたいっていうから、行って教えてこい」と言うのです。でもどうやって教えていいんだか、こっちもさっぱりわからない。

「まっすぐ引いて、それでここへ持ってきて、こういう状態で、ここでボールを見て、それではたいてください」というような、なんともあいまいで漠然としたことを伝えたように覚えています。

鹿島さんは一言、「えらい難しいな」（笑）。

それでも、何発か打つうちに気持ちのいいボールがすこしずつ出るようになって、「あっ、この打ち方かな」というような感じになってきました。

鹿島さんはその後うまくなられて、「けっこう失敗も少なく打てるようになった」と大変喜んでくださいました。私自身、まだレッスン初心者でしたので、そんな中で教えた人が上手になっていく過程は自分のことのように嬉しく思ったものです。

政治家では、佐藤栄作さん、宮澤喜一さんも常連でした。

佐藤栄作さんはもの静かで、プレー中はほとんどおしゃべりしない方でした。それでも何度か顔を合わせていたら、「不動心」「雲高気静」と書いた色紙を頂いたことがあります。

宮澤喜一さんには、東京でばったりお会いしたことがありました。「やあ、内田さん」と声をかけられ、そのまま食事に連れていって頂きました。私はもう軽井沢ゴルフ倶楽部をやめていましたが、キャディーマスターをやっていた私の顔を覚えてらしたんでしょう。

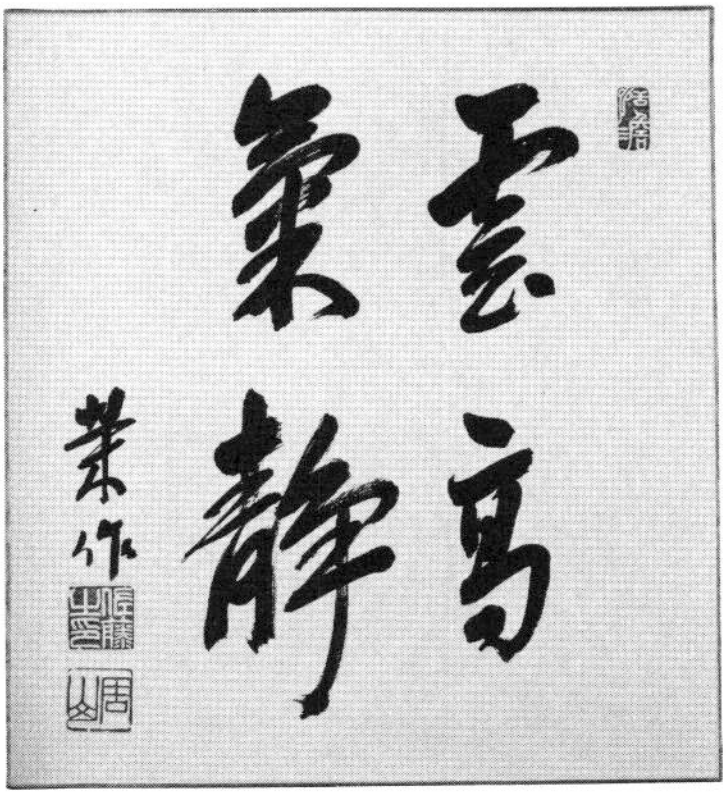

「雲高気静」とは、空が澄んで高く気分も澄んで静かであるという意味

その時、私はスポーツシャツを着ていましたから、「いや、こういう支度なもんで、ちゃんとした食事の席には失礼ですから」と遠慮したところ、「内田さんは、スポーツマンだから、そのままで大丈夫です」と、結局ご馳走《ちそう》して頂きました。こんなふうに細かいことにこだわらない、スマートな方でした。

「政治家たるもの体力がなくちゃいけない」

私がレッスンした〝生徒さん〟の中には、田中角栄さんもいました。角栄さんは、「ゴルフでたくさん歩くと熟睡できる」ということで、ゴルフに熱中するようになったと聞いています。とにかく忙しい方でしたから、ゴルフはいい気分転換にもなったんじゃないでしょうか。

ただレッスンと言っても、練習場でスイングを見るというのではなく、とにかくコースを回るというものでした。

「今、こう打ちましたね。そうじゃなくて、こうですよ」と私が言うと、「おっ、そうか、そうか」とドンドン回っていく。いつもそんな調子でした。

倶楽部の会員は都会育ちのスマートな方が多かったですが、角栄さんは、いい意味で田舎の人というか、偉ぶることなく親しく接してくれるし、私の教えることも素直に聞いてくれました。最後はハーフ40台で回られるようになりましたから、随分上達されたと思います。

当時はまだ総理になっていませんでしたが、倶楽部には非常に熱心に通われていました。倶楽部のすぐそばに角栄さんの別荘があって、そこに滞在している間は、必ず朝一番でやってくる。6時半、まだスタート前です。

「おう、内田、明日は早いけど何時頃がいいかな」

「何時でも構いませんよ」

「そうか、じゃあ、うちへ帰って相談して、それで時間は倶楽部のほうへ言っておくから」

次の日もやはり朝の6時半に来ていました。あれだけ忙しい人なのに、言った時間に遅れたことは一度もありませんでした。

白洲さんと同じで、せっかちな方なので、スタート前なら誰もいないから前がつかえなくていい、ということだったんでしょう。とにかく早打ちで、構えたらもうサッと打ってしまう人でした。フォームに悩むとか、「うまくいかないんじゃないか」と迷うことが一切ない。

歩くのも速かったですよ。待つのがあまり好きじゃないから、トレードマークの手ぬぐいを腰につけた姿で、もうドンドンドンドンドン歩いていく。

ですが、前の組の人が遅くても、「おっ、前の人、えらい遅いな」と言うだけで、怒ることもなくあっさりしていました。

ゴルフで失敗しても「内田、もう一発打つからな」、18ホール上がってきた時には「ああ、でも今日はよかったな」というようなふうで、ちっともくよくよしない。本当に、さっぱりとした人でした。

軽井沢ゴルフ倶楽部でプレーする田中角栄さん
写真提供／時事

角栄さんに限らず、一流の政治家はみなさん、何かあっても「動じない」という印象が強い。器の大きな人というのはこういうことなのだ、と目の前で感じたものです。「政治家たるもの体力がなくちゃいけない」と角栄さんはよく言っていましたが、「とにかく1日36ホール回る」くらいの感じで、早足でラウンドしていました。

それでもプレーの合間に、「なあ内田、審議中にあくびをしているようでは、いい政治なんてできるわけがないよな」「人が話しているのに椅子に腰掛けて、居眠りしているようでは国はよくならない。相手の目を見て判断するのが政治家だ」などと話しかけられたことを覚えています。

今の日本の政治を見たら、角栄さん、なんて言うでしょうかね。

中指が赤くなるまで練習した女優

女優の司葉子さんが「出演する映画でゴルフのシーンがあるのに、振ることも打つこともできないので、スイングだけでも教えてほしい」というので、1週間、レッスンしたこともありました。

司さんはそれまでクラブを持ったことさえなかったというのですから、レッスン中、中指が赤くなってしまって、相当つらかったと思います。でも、それぐらい熱心に取り組まれていたのでしょう。

やるからには、ちゃんとしたものを身につけて頂きたいですから、私も女優さんだからと手を抜くことはありませんでした。

でも、レッスンの最後のほうは、「けっこう打てるようになった」と喜んでくださいました。撮影も無事にできたそうで、私も安心したのを覚えています。

司さんがそれまでゴルフをやったことがなかったのは、その頃、周囲の映画関係者の間でゴルフが流行《はや》っていて、最初はそれにかえって抵抗があったそうなんです。でも、仕事でゴルフも覚えないといけないというので、やっているうちに、後にやみつきになられたそうです。

仕事ができる人間はゴルフでムダ口をたたかない

軽井沢ゴルフ倶楽部に勤めたおかげで、各界の「名士」と呼ばれるような方々と、いわば顔見知りの関係になりました。

本当にいろいろなお客様がいましたね。いい人ばかりではありません。キャディーがクラブを間違えたと、大声で怒鳴りつけるような人もいました。見下すような振る舞いをする人もいなかったわけではありません。

でも、世の中で「一流」とされる人たちと身近で接して、気づいたことがいくつかあります。

まず、「仕事ができる人間は、ゴルフでムダ口をたたかない」「うまくいかなくても言い訳しない」ということ。

一流と呼ばれる人たちはみな、うまくいっても失敗しても「動じない」のです。

自分の信じた道に対しての覚悟と自信があるのでしょう。信じたことをやり切る、その信念が、ゴルフにも仕事にも映し出されているんだと思います。

そして、「今を思いきり楽しむ」ということ。

みなさんお忙しい方ばかりでしたが、プレー中は仕事を忘れて没頭されていました。この集中力や切り替えのうまさも、一流のみなさんに共通するもののように感じます。

ゴルフというスポーツは、やっぱりプレーする人間そのものが表れるものなんだと、改めて感じます。

σ/Et 0.537

第５章　人生の「谷」を歩く時

先にプロになった息子

長いこと生きていると、当然、つらい出来事にも遭遇します。家族との死別、自分の病気……。私もみなさんと同じように、悲しい出来事にいくつか出遭ってきました。

まず、すこし長男の袈裟彦の話をしましょう。

袈裟彦は、私より10年近く早くトーナメントプレーヤーになり、シニアプロとしても一時期活躍していました。

袈裟彦は私が戦争に行く直前に生まれたため、小さい頃はろくに顔も見られませんでした。

でもおもしろいことに、私が何も言わなくても、勝手にゴルフにのめりこんでいったのです。

自宅がゴルフ場の目と鼻の先にありましたから、物心ついた時には、ゴルフは身近な遊びのひとつだったんでしょう。ゴルフ場は、子供にとっては、広い野っ原みたいなものですしね。しょっちゅうもぐりこんで、池に落ちたボールを拾っては、木の枝で打って遊んでいたそうです。

人手不足の時には、キャディーのアルバイトをして、小遣いを稼いでいたこともあるらしい。やっていることは、私とまったく同じです（笑）。

違うのは、袈裟彦が私のヒッコリーのクラブを使っていたこと。天井裏にこっそり隠しておいたのを見つけて、私が戦争中でいないのをこれ幸いと、長すぎるところを鋸で短く切ったりして自分用にカスタマイズしていたのです。

そのうち私も戦争から帰ってきて、軽井沢ゴルフ倶楽部に勤めるようになりましたが、袈裟彦から「お父さん、ゴルフってどうやればうまくなるの？」などと聞かれたことは一度もありません。

「おっかなくて、そばに近寄ることもできなかった」と、袈裟彦は後になって言っていました。

もし「教えてほしい」と言われても、袈裟彦のためのクラブを買う余裕なんてありませんでした。なにしろ、私自身でさえ、ろくに自分の道具がないくらいだったんです。

ところが、ある日、キャディートーナメントのスタート表に袈裟彦の名前があったのです。仰天しました。息子がゴルフをするなんて、夢にも思っていませんでしたから。

しかも、それなりのスコアでプレーしたんです。「いつ球を打てるようになったんだろう」と、もう狐《きつね》につままれたような気分でした。

でも、袈裟彦をプロゴルファーにしようとか、自分と同じゴルフに関係のある仕事をさせようなんてことはまったく思いませんでした。

親としては、やっぱり安定した仕事に就かせたいと思っていました。

それで、知人が経営する東京の製薬会社に就職させたのです。

結局、私は袈裟彦にゴルフを教えたことは一度もありませんでした。

「プロになるまで帰ってくるな!」

袈裟彦も、その頃は、プロになろうなんて気はまったくなかったと思います。ひとりで東京に出て、社会人の暮らしを始めました。

でも、5時に仕事が終わると、週3回ぐらい、ひとりでインドア練習場に行って、スイングを練習していたそうです。趣味みたいなものだったと思いますが、私の境遇とよく似ているのも不思議なものです。

ある時、練習場で知り合った年配の人がいて、その人が一緒にプレーに連れていってくれるようになりました。

袈裟彦は自分流にゴルフを覚えましたから、フォームとしてはあまり上等じゃなかったのですが、最初からかなり飛距離は出ました。そんな袈裟彦の豪快なスイングを見て、その人が惚《ほ》れこんでしまったそうです。

「内田さんなら、プロゴルファーになれるんじゃないですか?」とまで、言ってくれたらしい。

でも、そんな一言が、人生を変えることがあるんですね。

袈裟彦が21歳になったある日、電話がかかってきました。

「父さん。僕はプロゴルファーになろうと思います」

決心を聞かされた私はこう言いました。

「いいか、プロになるまで帰ってくるなよ。わかったか!」

それは、「ちゃんとプロになって、精一杯、ゴルフをやれよ」という、私なりの激励を込めた言葉でした。

袈裟彦も、そんな私の気持ちを汲《く》みとってくれました。

後々、「プロゴルファーを目指すことについては、てっきり反対されるとばかり思っていたのに、逆に背中を押されたことが意外だった」と言っていました。

プロテスト史上初のホールインワン

会社に辞表を提出した袈裟彦は、都内のゴルフ練習場で働き出しました。

トーナメントプレーヤーの試験は2年連続で落ちましたが、私に似て負けず嫌いですから、それで挫《くじ》けるというようなことはなかったですね。

3回目の試験の場所は、川奈ホテルゴルフコースでした。

そこでなんと、ホールインワンを出したのです。これはプロテスト史上初という記録だそうです。

結局、受験者約120名のうちただひとり、テストに合格することができました。

その後、私も55歳でプロになり、親子2代のプロゴルファーになりました。普通とは、順番が逆ですね（笑）。

ふたりで会えば、自然とゴルフの話が出ましたが、相変わらず、私から何か教えたり、アドバイスしたりするようなことはありませんでした。

ゴルフというのは人それぞれ。ましてやお互いプロ。袈裟彦は袈裟彦のやり方を開拓すべきだと思っていました。

私とはゴルフのスタイルが違いましたが、袈裟彦のフォームは右腕の使い方がうまく、切り返しからダウンにかけての左手の中指の向きがいい。本人も「右手で上げて右手で打つのが大事」と言っていました。

袈裟彦はいわゆる飛ばし屋で、３６０ヤードという飛距離も出していました。これは世界も驚く数字だと思います。

並外れた飛距離に加え、袈裟彦がドライバーを打つとゴンという音がすることもあって、「ケサゴン」なんて怪物みたいなニックネームをつけられていました。若い時より、シニアの年齢になってからのほうが飛んでいたんじゃないでしょうか。私には、ああいうゴルフはできません。緻密とは言えないけれど、とにかく豪快でした。

私と共通点があると言えば、手先が器用だったこと。2番アイアンのロフトを6度くらいに立てて、軟鉄のヘッドに軽いシャフトを入れたものを使っていて、世間から「ケサゴンパター」という名前を頂戴していました。

また、私ほどではありませんが、袈裟彦も遅咲きでした。アジアサーキットには積極的に出場していましたが、袈裟彦の国内ツアー初勝利は41歳の時です。その後シニアになってからは、PGAシニアツアー初代賞金王に輝くなど、活躍していましたね。シニアの試合に出るようになって、本人も「この歳になるまで、ゴルフをするってことが、こんなに楽しいことだとはわからなかった」と言っていました。ちょうど日本でもシニアの試合数が増えてきた頃と重なり、本当に水を得た魚のようでした。

子供に先立たれて

旅先のタイで袈裟彦が亡くなったのは、本当に突然のことでした。

私が93歳の時です。心臓が悪かったとは言え、袈裟彦はもうすぐ73歳になるというところでした。まだまだこれから、という歳です。

海外で亡くなったものですから、死に目にもあえず、渡航先でお骨になって帰ってきました。

袈裟彦だけではありません。

次男も72歳で病気で亡くなりました。

次男は双子で、もうひとりは赤ん坊の時に亡くなっています。私のところの男の子は、みんな私より先にあの世へ行ってしまいました。

寂しくない、と言ったら、嘘になります。

もっと話をしておけばよかった。一緒にゴルフもすればよかった。悔いがないわけではありません。

だけど、人の生死は、自分じゃどうしようもないのです。

子供に先立たれるのは寂しいですが、それを言っても仕方がない。

起きてしまったことに、なぜ起きてしまったのかと嘆いてもどうにもなりません。袈裟彦のことを思い出すと、「運」というものを感じずにはいられません。「プロゴルファーになれるんじゃないの？」と言ってくれた人がいた運、プロテストでホールインワンを出した運。そして親よりも先に旅立ってしまったという運……。先に亡くなった息子たちは不運なのでしょうか。私は決して不運だとは思いません。それは寿命だった、それだけのことだと思うのです。

その命を懸命に生きたのであれば、残された人たちは静かに受け入れるべきです。戦場から生きて帰り、１００歳まで永らえている私は、たまたま運がよかっただけです。

そうだとしたら自分は自分で精一杯、生きていくということよりほかにないんじゃないかと思いますね。

がんになってもゴルフはやめない

人生におけるつらい出来事を挙げるなら、「病気」もそのひとつではないでしょうか。

私は二度のがんも含めてこれまで大手術を3回経験しています。

最初は、私が66歳の時でした。

当時、女性向けのゴルフ教室を主催していたのですが、ある日、ラウンドレッスンでコースに出たら、腰に激痛が走り、動けなくなってしまったのです。

「申し訳ないけれど、今日はこれで終わりにしてください」と生徒さんたちに謝って、近くの総合病院に直行しました。検査した後、担当医が家内を呼んで、黒板に「膀胱《ぼうこう》がん」と書いて見せたそうです。

まだその頃は、告知をはっきりしないという時代でしたが、家内は思い切って、私に病気のことを話してくれました。

当時は今と違って、「がんになれば治らないものなんだ」と私も思っていましたから、「同じ死ぬなら、一流の病院で死にたい」とワガママを言って、次男に築地の国立がん研究センター中央病院で手続きをしてもらい、手術を受けることにしました。

検査入院中にトラブルがあって、一時危篤状態にまで陥ったりもしましたが、早期発見だったこともあり、患部摘出手術で、命は助かりました。

膀胱がんでしたので、結局、人工膀胱をつけることになりました。普通は右につけるものだそうですが、クラブを振る時に困るため、主治医と相談して、左につけてもらうことにしました。

「がんになったから、ゴルフはもうできない」なんて考えもしませんでした。

病み上がりの試合で「罰金」に

リハビリに励み、手術の翌年には試合に復帰しました。

でも、この試合では思うような調子が出ず、最下位。プロとしての規定のスコアを超えたということで、罰金制度の枠内に入ってしまいました。

「退院して、まだ日が浅いから」と言ってくれる人もいましたが、「病み上がりなんだから、しょうがない」なんて言い訳はできません。「プロとして、これじゃ恥ずかしい」と発奮しました。

この試合は、プロになってから一番の苦い思い出です。

でも、この経験があったからこそ、気持ちを入れ直して、また試合に出ていくようになりました。

「また罰金を払うようなスコアを出してしまうかもしれない」と弱気になるのではな

く、目の前に戦える場所があれば、そこで戦おうとするのが、やはりプロだと思うんです。

アマチュアであれば、病気や怪我をすれば、それ以降は「楽しむ」ゴルフをすればいいかもしれません。

でも、プロである以上は、結果を出すよう、最大限の努力をし続けなければなりません。そして、戦い続けなければならないのです。

プロには、「勇往邁進《まいしん》」の気概が必要です。

目指すところへと勇気を出して突進していく。

そんな強い気持ちをプロは持ち続けなければいけないと思います。

病気は本人が治すもの

最初の手術から10年が経った時、膀胱がんの古傷が痛むようになりました。手術跡が癒着しているということで、再手術をすることになりました。

8時間に及ぶ手術です。私は77歳になっていましたが、家族の心配をよそに、不思議と、「こんなことで死ぬわけがない」と思っていました。

主治医も「病気は医者が治すんじゃない。本人が治すものです。内田さんには生きる気力があるから、絶対に大丈夫ですよ」と太鼓判を押してくれました。

おかげさまで、二度目の手術も無事成功しました。

気力はもちろんですが、きっと病気を乗り越えるだけの体力もあったんだと思います。これは日頃のトレーニングのおかげでしょう。

実は、この手術を受ける前、あえて新しいクラブとキャディーバッグを注文していたんです。退院したら、ちょうど頼んだものが届いたところで、「おお、いいクラブだ！」と大喜びしながら、包みを開けたのを覚えています。

家族は「大きな手術もしたし、もう高齢なんだから、プレーできなくなってしまうのではないか」と思っていたみたいです。でも、私は手術前から、退院したら、すぐにプレーを再開する気満々でした。

親子でゴールドシニア出場

再手術後、二度ほど、試合に出場しました。

しかし、愕然《がくぜん》としたのは、自分の予想以上に体力が弱っていたことです。「またゴルフができるようになった」という喜び以上に、「これはもっと練習しないと、プレーできなくなってしまう」という気持ちが募る一方でした。

結局、体力がなかなか回復せず、それから10年以上、試合出場のブランクができてしまいました。

歳をとれば、体が老化して若い頃のようなプレーができなくなるのは当たり前ですが、前と同じような距離が出ないのがやはり癪《しゃく》でならない。そんないらだちやあせりと向きあった10年でした。

先ほど、結果を出すのがプロであるとお話ししましたが、10年という月日で、納得いく結果を出せる自信を失いつつありました。

引き続き、生徒さんたちへのレッスンはしていたものの、「試合にも出たほうがいい」と周囲に勧められても、なかなかラウンドに出る気になれないでいたところ、袈裟彦とも親交のあった風見博プロが「内田先生、そんなこと言ってないで、試合に出ましょう。袈裟あんちゃんもゴールドシニアの年齢だし、親子2代でゴールドシニア出場なんて、前例がないですよ」と熱心に勧めてくれたのです。

ゴールドシニアの出場条件は「68歳以上」ですが、ちょうど袈裟彦が68歳になるところでした。私は89歳になっていました。

2006年6月の関東プロゴルフゴールドシニアに向けて、風見プロ相手の特訓が始まりました。

なにせ10年もブランクがありましたから、私の打ち方は時代に合っていません。風見プロに丁寧に指導してもらい、一からスイングを見直しました。

袈裟彦にも毎日のように電話をかけて、「球が右に出るんだけど、どうしたらいいか?」なんて聞いたりしていましたね。

ゴールドシニアの出場者の中では、もちろん私が最高齢。周囲は随分若かったですが、そんなことも、まったく気になりませんでした。息子とふたりで初めて一緒に試合に出るという気負いもなく、不思議と緊張しませんでした。久しぶりの試合で高揚していたのかもしれません。

この時は、袈裟彦のほかに山田米造プロ、染谷利明プロと一緒に回りました。4バッグで帯同キャディーが許されなかったので、代わりにPGAが許可した〝補助者〟として風見プロについてもらいました。

結局、優勝はゴールドシニア・ルーキーの袈裟彦、私は出場47選手中最下位でした。息子が頭で親が尻尾というわけです(笑)。

ですが、試合前に立てていた「36ホール完走」という目標も達成し、スコアも100を切りましたから、まああの出来だったと思います。

袈裟彦（左）と一緒に回ったのはたった一度だけでした

試合後のインタビューで袈裟彦は「(父と一緒に試合ができて)感激しましたよ」と照れながら答えていましたが、私にとってもいい記念になった試合でした。

そしてそれ以降、私はまた試合に出る気力を取り戻しました。

それからも何度か同じ試合に袈裟彦と親子出場をさせてもらいましたが、一緒に回ったのは最初のその試合だけです。

94歳で14時間の大手術

袈裟彦が亡くなった翌年、私は二度目のがんである直腸がんになりました。

病気がわかったのは本当に偶然で、生まれて初めて食べたインスタントラーメンがきっかけでした。

私はインスタントの食べ物が苦手で、インスタントラーメンも一度も食べたことがありませんでした。でも、テレビのコマーシャルを観《み》ると、いかにもおいしそうで、なんだか自分でも食べたくなってしまいました。

それで、家族に近所のコンビニでインスタントラーメンを買ってきてもらいお昼に食べたところ、お腹《なか》の調子が悪くなってしまったのです。

「インスタントラーメンにあたったんじゃないか。やっぱり食べるんじゃなかったね」なんて会話をしていたんですが、2、3日、ずっと調子が悪いままなので、病院に行って診てもらうことにしました。

すると先生は一言。

「内田さん、インスタントラーメンにあたったんじゃないですよ、直腸がんです」

ラーメンが教えてくれたがんでした。

腹腔鏡《ふくくうきょう》手術から急きょ開腹手術になり、結局、14時間の手術となりました。

94歳でのことでしたので、執刀した先生も「もう二度と内田さんのお腹は切りたくない」と言っていました。

でも、私はずっと麻酔で寝ていましたから、そんなに大変だったという気もしないんです。

ある程度体が回復してきたら、家内に「クラブを1本、持ってきて」と言って持ってこさせ、人気のない病院の廊下で素振りをしていました。大きな病院だったもので、廊下も広くて、素振りをするのに、ちょうどよかったんです（笑）。

レッスンの生徒さんがお見舞いに来た時に、「どうも、ここがうまくいかない」なんていう話が出たので、「それじゃ、すこし見ようか」と廊下へ連れ出してレッスンしたりもしましたしね。リハビリを兼ねた散歩のステッキ代わりにもなって、なかなか重宝しました。

生きることも「プロ」でありたい

おかげさまで、その手術後は異常なく過ごしています。体重は手術前より10キロ落ちて、耳も多少遠くなりましたが、前回の手術後のような弱気になることもなく、腰を痛めるまで試合にも何度か出場させてもらいました。

100歳になると、よく「長生きの秘訣《ひけつ》はなんですか?」と聞かれます。でも、みなさん、ベッドの中でただ歳を重ねたいわけではないでしょう。元気に長生きしたいはずです。

前にアマチュアとプロの話をしましたが、私たちは「生きるプロ」にならなければなりません。

シニアになればなるほど〝元気に生きるための努力〟が必要です。

そのためにはなにが必要か。

私は、なにより自分で弱気を出さないことが大事じゃないかと思います。

「もう歳だからこんなことはできない」とあきらめてしまうのは簡単です。でも今の自分よりもっとよくなりたいと思う気持ちに年齢の制約はありません。

歳をとれば体力は徐々に落ちてくる。これは事実ですが、気力は年齢に関係ありません。80歳のような30歳も、30歳のような80歳もいるはずです。

人生もゴルフと同じで、ＯＢをすることもあれば、ホールインワンみたいなこともある。

でも、どんな時でも、心乱されず、自分のやるべきことに真剣に、そして積極的に取り組んでいれば、自然と道は開けてくると私は思っています。

私も、自分のなすべきことを淡々と、これからもやっていくつもりです。

第６章　１００歳から見える景色

見た目は若くても血管は100歳

いつも私の頭の中にあるのは「これからもゴルフを続けていくために、いかに体を健康な状態に保っていくか」ということです。

もちろん、体力という面では、若い時と同じようにはいきません。

私も見た目こそ「若い」と褒められますが、残念ながら、病院で検査すると「血管は100歳です」と言われます。

今は身長161センチ、体重62キロ。背もちょっと縮んできましたし、本当はもうすこし体重が欲しいところです。

けれども、だからといって今さら若返りたいとは思いません。

誰にでも、老化現象は訪れるものです。だからこそ、シニアなりの体を自分で作っていかないといけません。

私の場合であれば、ゴルフのできる体作りです。シニアになると、若い時と違い、体が硬くなって、上半身の力が弱まってきていますから、足腰の力をスイングに利用することが必要です。

そこで、徹底した基礎練習はもちろん、歳をとってからは、特に足腰の強化を意識して、体を鍛えています。

私が年齢の割に筋肉が落ちていないのは、やはり地道なトレーニングのおかげだと思います。

ゴルフを続けることができる健康を維持するためには、食生活や規則正しい生活習慣も大切な要素です。私は煙草は吸いませんし、お酒も飲みません。

ゴルフと同じで、人それぞれ体格や健康状態も違いますし、その人に合ったやり方というものがあるでしょう。

もちろんゴルフをされない方もいますが、ここでは、ひとつの例として、１００歳の私の暮らしぶりやトレーニングの内容をすこしご紹介してみたいと思います。

100歳の1日の過ごし方

1日の流れは次のような感じです。

目が覚めるのは、6時から6時半頃です。すこし寝床の中でゆっくりして、7時半頃に起き出します。

寝室が2階にあるので、1階に下りていくと、茶色いトイプードルの愛犬チャコが出迎えてくれます。チャコとすこし遊んで、朝食を食べ始めるのは、8時半頃。

起き抜けに、必ず大きなグラス1杯の水を飲むようにしています。氷も入れて、冷たくしてね。

水にもやっぱり「味」というものがあって、「今朝の水はうまいな」と底まで一気に飲み干せるような時は、体のコンディションも非常にいい。反対に、「今日はどうも不味いな」と感じる時は、熱っぽかったり、頭が重かったりと、不調であることが多いんです。あくまで自己診断ですが、この朝の目覚めの水の味わいは、その日の体調の良し悪《あ》しを測るバロメーターになっています。

朝食後は、パターの練習です。だいたい150球くらいは打っていると思います。その後は、自宅の各種マシンを使っての筋トレなどで午前中が終わります。あるいは、作業場にこもって、クラブの修理や調整をすることもあります。

朝食が遅くなった日でも、12時になったら、必ず昼食をとります。家族は「さっき食べたばかりなんだから、お茶でいいじゃない」と言うのですが、やっぱり飯はちゃんと食べないといけません。

昼食後は軽く休憩してから、芝を張ってある庭に出て、アプローチやティーショットの練習をしたり、クラブの修理や調整の続きをしたりします。気が向いた時には、また筋トレも行います。

その間、お茶の時間で、軽く甘いものなどを頂きます。コーヒーも好きなので、1日に2、3杯は飲みますね。

また日中は、テレビでゴルフネットワークをつけっぱなしにしており、暇があれば国内外の試合を観るようにしています。

夕食はすこし早めで、5時半ぐらい。食後、またゴルフネットワークを観て、8時頃には、「さて寝るか」となりますね。寝る前にも、朝と同じようにグラス1杯の水を飲んでからベッドに入ります。歳をとると寝られない人が多いらしいですが、私はほとんど朝までぐっすり寝てしまいます。

病院の診察などで外出する時を除いて、こうしたタイムスケジュールを、ほぼ毎日規則正しく繰り返しています。生活の中に決まったリズムがあると、体調も整えやすいし、どこか不調がある時にすぐにわかるのです。

スタミナ重視の食生活

食事は健康の源だと思います。

直腸がんの手術の後は、食事内容について医師のアドバイスも受けていますが、基本的には3食きちんと食べること、栄養がちゃんと摂《と》れることを考えています。私はトレーニングをしていますから、量もそれなりに必要です。

朝食時に必ず食べるのは、味噌《みそ》カツオにつけて臭いを消したニンニク、甘酢らっきょう、りんごと人参《にんじん》のジュース、クランベリーのジュース、それからメロンです。私はメロンが大好物で、時には家内の分まで平らげてしまうほどなのですが、年中食べたいので、銘柄にはこだわらず、その時の季節のものを頂きます。

朝食メニューは、これらの「定番」の品のほかは、次のような感じです。

【朝食】

- フレンチトースト
- ブロッコリーのポタージュスープ
- サラダ

・ヨーグルト

朝は昔からパンですね。歳をとると、朝食は和食がいいという人が多いようですが、私の場合、朝だけは必ずパン食です。

昼や夜に脂っこい肉や魚をしっかり食べるので、野菜もたくさん摂れるよう、主に地元の旬の野菜を使ったスープやサラダは欠かしません。ちなみに、スープはサラサラしたものだとお腹にたまらないので、必ずとろっとした食感のポタージュのようなものにしてもらいます。健康を考えて、使うのは生クリームではなく豆乳です。

前述のように、朝がどんなに遅くても、12時になれば昼は必ず食べています。これはもう、反射的なものですね。

朝食からそれほど間がない時は、サンドイッチや麺類などで軽くすませることもあります。麺類はラーメン以外は大好きなんです。特にちょっと柔らかく茹《ゆ》でた、ナポリタン・スパゲッティが好物ですね。あまりお腹が空いていなければ、おかゆを食べ

ある日の朝食

る時もあります。
でも、午前中にたくさん動いてしっかり食べたい時はスタミナが必要ですから、次のようなメニューになることも多いです。

【昼食】
- 鰻丼《うなどん》
- かぼちゃの煮付け
- お味噌汁
- 野菜サラダ
- ぬた
- いんげんの胡麻和《ごまあ》え
- 茄子《なす》の煮物
- 水ようかん

ある日の昼食

肉ばかりではいけないというので、昼と夜のどちらかのメインを魚料理にしていますが、魚だと刺し身や鰻が多いですね。刺し身はトロが好きで、やっぱり脂っこいものがいいんです。その分、何か酢の物をつけるなど、味わいに変化をつけてもらっています。

高齢になると、味付けを薄くしたり、塩分控えめということがよく言われますが、私はとにかくこってりした味が好きなので、我が家の食卓に薄味の料理は出てきません。魚でも淡白な白身魚は好みではありませんし、あと、焼き魚は骨があるので食べません。家族がきれいに骨を取ってくれれば、食べますがね（笑）。

甘いものも好きなので、おやつにはケーキやようかんなどのお菓子をコーヒーと一緒に頂きます。運動や仕事をいろいろやっていると、このほっと一息の時間が、いいですね。ペロリと食べてしまいますよ。

昼食が魚の時は、夕食は肉です。

肉は毎日、必ず食べます。「今日は肉が食べたい！」という時は、朝から食べることもありますよ。豚肉や鶏肉じゃなく、やっぱり牛肉が一番。鶏肉の料理が出ると、「このパサパサはうまくない」などと、つい文句を言ってしまうんです。ただ、かかりつけ医が、ビタミンBが摂れる豚肉がいいと言うので、トンカツにして卵とじにしたものは時々、食べています。

牛肉と言っても、焼き肉みたいな薄っぺらいのは嫌。週に3、4日は肉厚のステーキです。このところ入れ歯の調子がよくないため、霜降りの柔らかい肉で料理してもらっていますが、ヒレ肉は食べません。だって脂がのっているほうが、脂の甘味があって、おいしいでしょう。

最近でこそ、２００グラム強になりましたが、ちょっと前までは３００グラムのサーロインステーキを難なく平らげていました。それこそ、若い人より食べるくらいでしょう（笑）。

たとえば、夜はこんな献立を頂いています。

【夕食】
・サーロインステーキ　温野菜添え
・コーンスープ
・海鮮サラダ
・果物のゼリー

「随分食べますね」「豪華な食事ですね」と驚かれますが、運動もしていますから、良質なスタミナ源としての牛肉は、やはり必要だと思います。

食事をしていると、チャコがテーブルに寄ってくるので、つい私の食事をあげてしまうんですが、チャコはちょっと太りすぎですね。もっと運動が必要かもしれない（笑）。

1日3食これだけの量に加え、おやつまで食べるのですから、すこし高カロリーか

ある日の夕食

もしれません。

でも、私は好物を食べて長生きしたいんです。１００歳で節制した生活なんてつまらないですから。

好きなゴルフ、好きなごはん。これ抜きでは生きていても仕方ないとさえ思います。料理は、娘が作ってくれています。毎回毎回、ちゃんとした器にきれいに盛りつけてくれるおかげで、食欲も増します。私が長生きしている理由のひとつは、間違いなく、食事にあると思いますね。

愛犬をギャラリーにトレーニング

次に、毎日のトレーニングについて、お話ししましょう。

日々体を動かすことは、飛距離を落とさないためにも必要ですし、もちろん健康の秘訣でもあります。

朝食後、最初にやるのはパターの練習です。いつでもパター練習ができるように、リビングに常時パターマットが敷いてあり、そこで最低150球は打ちます。腰を痛めてはいますが、クラブを持つと、やっぱりシャキッと腰が立ちますね。もう長年やっていることなので、「つらい」「やめたい」と思ったことはありません。ボールが動くのがおもしろいのか、私がパター練習を始めると、必ずチャコが寄ってきて、ずっと見ています。今の私のギャラリーは、チャコだけですね。私が根を詰めすぎて必死な顔をしていたりすると、心配してそばから離れません。

その後は、室内のマシンで筋トレに励みます。

毎日の回数が決まっているわけではありませんが、ステップやレッグマシン、ルーム自転車などを置いてある一角があって、「もう、やめてください」と家族に言われるまでやっています。

本当は1日に何度も5回とか10回とか、こまめに回数をこなしたほうがいいのでしょうが、やり始めると、ついつい100回ぐらいまでやらないと気がすまないんです。

こういう基礎トレーニングの積み重ねが、足腰を鍛えるには大切だと思います。特にレッグマシンは、ゴルフをするのに欠かせない大腿筋《だいたい》、内転・外転筋、腹斜筋のトレーニングになります。

おかげさまで、握力もそれほど弱っていません。近所の人が「内田さん、どうしてますか」と来てくれた時に握手すると、その時、思いっきり握るので、「あいたたた」と言われてしまうんです（笑）。

自宅の庭には芝を張り、ネットを置いて、常時アプローチやショットの練習ができるようにしています。

やればやるほど、いろいろな悩みが出てくるのがゴルフ。だからこそ、地道な基礎練習を繰り返し、正しいフォームや打ち方を作っていかなければなりません。

暇さえあればゴルフネットワークを観ているのも、楽しむためというよりは、今活躍している選手たちのフォームや打ち方を参考にしたいからです。テレビを観ていて「こういう打ち方だと、こう飛ぶんだ」と思うと、すぐに自分もクラブを振って、真

おもに足腰を鍛えるためのマシン

似をしてみます。反対に「ああやると外すんだな」ということも観ているとわかりますから、反面教師としての材料にもなります。

今活躍しているプロのフォームはとてもきれいです。最近のプレーヤーでは、ローリー・マキロイやフィル・ミケルソンを応援しています。マキロイの大きいスイングが大好きで、特にグリーン周りにボールが行った時の打ち方などは、観ていて、真似したくなります。

とにかく起きている間は、何かしら、クラブやボールを触っていないと落ち着きません。自宅のいたるところにボールやクラブが置いてあります。プロである以上、ゴルフが生活の第一に来るのは当たり前ですし、いつでも試合に出られるよう、体を鍛えたり、技術を磨くべきだと思って、毎日精進しています。

ゴルフ以外の趣味

以前は車が好きで、しょっちゅう買い換えるぐらいだったので、我が家は車貧乏でした。

ずっと優良ドライバーでしたが、さすがに、数年前に免許を返上しました。私としては当然免許を更新するつもりで、講習の予約を入れておいたんですが、家族が「何かあってからでは遅いから」と言うので、急きょキャンセルしたんです。

いざ乗れないとなると、やっぱり寂しい。もう自分の車もありませんし、そうなったら、急に車への興味が薄れてしまいました。

あとは買い物も大好きです。最近は東京まで行く機会も減りましたが、以前はクラブを買うのも、軽井沢から御徒町《おかちまち》まで出向いていました。どうせなら、自分の目で見ていいものを買いたいですし、こんなクラブがあるのかと最新のものも勉強できます。

デパートでも、ウェアを見ては「この色がいい」「あの色がいい」とドンドンかごに入れてしまいます。もうすこし若い頃は目がさめるような赤やグリーンが好きでしたが、最近はピンクを着ることが多くなりました。ピンクは私のラッキーカラーなんですが、歳をとると、男でもこういう色が似合うようになるんですよ。毎日着る服もゴルフウェアも、もちろん自分で選びます。

趣味といってもそんなもの。つまり、私にはゴルフしかありません。私にやれることはゴルフをすることだけです。

家族には「ゴルフのほかにも何かしてみたら？」と言われますが、「ゴルフでたくさん」と思っています。

だって、この歳になっても、まだまだゴルフは十分、楽しめるし、追求したいですからね。

おわりに

私はゴルフしか知らない人間です。

家族には「お父さんは銀行にも郵便局にも行けない、一般常識がない」と言われます。

確かに、少年時代にたまたま出会ったものが仕事になったのですから、とても幸せな人生です。

ですが、どんな仕事をしようと、その仕事にどのような態度で取り組むか、また、どんな目標を持つかが、結局は重要だと思います。

私の場合は今までの目標は「なんとか１００歳までプレーしたい」でしたが、気が

100歳になってからも学ぶことはたくさんあります。もっとゴルフをうまくなりたいですね

つけば、その目標も達成しました。そうなると、やはり、「もっと長生きして、クラブが振れる限りゴルフをしたい」と思いますね。目の前の目標としては、「腰の故障を治して、1ラウンドすること」です。

腰の調子がよくなったら、また試合にも出たいぐらいです。

「100歳で、そんなことができるのか」と思われるかもしれませんね。

でも、やってみなければ、わからないじゃないですか。

「このまま」で立ち止まるなんてつまらない。

自分の人生を決めるのは、何歳になっても自分なんだと思います。

私が大事にしているモットーは、「失意泰然　得意淡然」。

何かあるとこの言葉を思い出し、自分を励ましてきました。

いい時も悪い時も心乱されず、いつも平常心でいること。それが、目的を持って長い道のりを歩んでいくために非常に大事なのだと思います。

軽井沢にも縁の深い新渡戸稲造は、著書である『武士道』の中で次のように書いています。

「本当に勇敢な人は、常に平静である。彼は決して驚いて狼狽せず、何ものも彼の精神の落ち着きを乱さない」

激しい戦闘のさなかであっても、地震や嵐の中にあっても、いつも落ち着いている、そんな人物こそが真に「勇敢」なのです。

そう、「勇敢であること」もまた、私が人生で大切にしてきたことです。

「勇往邁進」という言葉がありますが、人から「ダメだ」「無理だ」と言われることを覆して突進していく。そんな強い気持ちがなければ、事を成し遂げることなどできません。

この気概が私をずっと支えています。

年齢なんて関係ないし、単なる数字でしかありません。

これからもプロとしてやっていく。ゴルフで飯を食っていく。

その意気込みだけは誰にも負けません。

１００歳は単なる通過点です。
今まで通り、淡々と、そして勇気を持って、進んでいくつもりです。

写真提供／内田家
（16～17、55、74、88～89、150ページ）
撮影／織田桂子
レイアウト／MOTHER
構成・文／加藤裕子

内田 棟（うちだ むなぎ）

一九一六年長野県軽井沢生まれ。プロゴルファー。日本プロゴルフシニア選手権で三位。ホールインワン五回達成。六六歳と九四歳で二度のがん手術を受けるも、九五歳で日本プロゴルフゴールドシニア選手権大会関東予選出場を果たした。

淡々《たんたん》と生《い》きる 100歳《さい》プロゴルファーの人生哲学《じんせいてつがく》

集英社新書〇八五六C

二〇一六年一一月二二日 第一刷発行

著者……内田《うちだ》 棟《むなぎ》

発行者……茨木政彦

発行所……株式会社集英社

東京都千代田区一ッ橋二-五-一〇 郵便番号一〇一-八〇五〇

電話 〇三-三二三〇-六三九一（編集部）
〇三-三二三〇-六〇八〇（読者係）
〇三-三二三〇-六三九三（販売部）書店専用

装幀……原 研哉

印刷所……大日本印刷株式会社 凸版印刷株式会社

製本所……加藤製本株式会社

定価はカバーに表示してあります。

ISBN 978-4-08-720856-6 C0210

Printed in Japan

a pilot of wisdom

a pilot of wisdom

小さな「悟り」を積み重ねる　アルボムッレ・スマナサーラ
科学と宗教と死　加賀乙彦
犠牲のシステム　福島・沖縄　高橋哲哉
気の持ちようの幸福論　小島慶子
日本の聖地ベスト100　植島啓司
続・悩む力　姜尚中
心を癒す言葉の花束　アルフォンス・デーケン
自分を抱きしめてあげたい日に　落合恵子
その未来はどうなの？　橋本治
荒天の武学　内田樹　光岡英稔
武術と医術　人を活かすメソッド　甲野善紀　小池弘人
不安が力になる　ジョン・キム
冷泉家　八〇〇年の「守る力」　冷泉貴実子
世界と闘う「読書術」　思想を鍛える一〇〇〇冊　佐高信　佐藤優
心の力　姜尚中
一神教と国家　イスラーム、キリスト教、ユダヤ教　内田樹　中田考
伝える極意　長井鞠子

それでも僕は前を向く　大橋巨泉
体を使って心をおさめる　修験道入門　田中利典
百歳の力　篠田桃紅
釈迦とイエス　真理は一つ　三田誠広
ブッダをたずねて　仏教二五〇〇年の歴史　立川武蔵
「おっぱい」は好きなだけ吸うがいい　加島祥造
イスラーム　生と死と聖戦　中田考
アウトサイダーの幸福論　ロバート・ハリス
進みながら強くなる——欲望道徳論　鹿島茂
科学の危機　金森修
出家的人生のすすめ　佐々木閑
科学者は戦争で何をしたか　益川敏英
悪の力　姜尚中
生存教室　ディストピアを生き抜くために　内田樹　光岡英稔
ルバイヤートの謎　ペルシア詩が誘う考古の世界　金子民雄
感情で釣られる人々　なぜ理性は負け続けるのか　堀内進之介
永六輔の伝言　僕が愛した「芸と反骨」　矢崎泰久 編

歴史・地理――D

a pilot of wisdom

新選組の新常識　菊地　明
ローマ人に学ぶ　本村凌二
北朝鮮で考えたこと　テッサ・モーリス-スズキ
ツタンカーメン　少年王の謎　河合　望
司馬遼太郎が描かなかった幕末　一坂太郎
絶景鉄道　地図の旅　今尾恵介
縄文人からの伝言　岡村道雄
14歳〈フォーティーン〉満州開拓村からの帰還　澤地久枝
日本とドイツ　ふたつの「戦後」　熊谷　徹
江戸の経済事件簿　地獄の沙汰も金次第　赤坂治績
消えたイングランド王国　桜井俊彰
「火附盗賊改」の正体　——幕府と盗賊の三百年戦争　丹野　顯

a pilot of wisdom

教育・心理――E

ホンモノの文章力	樋口 裕一
中年英語組	岸本 周平
おじさん、語学する	塩田 勉
感じない子ども こころを扱えない大人	袰岩 奈々
レイコ＠チョート校	岡崎 玲子
大学サバイバル	古沢由紀子
語学で身を立てる	猪浦 道夫
ホンモノの思考力	樋口 裕一
共働き子育て入門	普光院亜紀
世界の英語を歩く	本名 信行
かなり気がかりな日本語	野口 恵子
人はなぜ逃げおくれるのか	広瀬 弘忠
英語は動詞で生きている！	晴山 陽一
悲しみの子どもたち	岡田 尊司
行動分析学入門	杉山 尚子
あの人と和解する	井上 孝代
就職迷子の若者たち	小島 貴子
日本語はなぜ美しいのか	黒川伊保子
性のこと、わが子と話せますか？	村瀬 幸浩
「人間力」の育て方	堀田 力
「やめられない」心理学	島井 哲志
学校崩壊と理不尽クレーム	嶋﨑 政男
死んだ金魚をトイレに流すな	近藤 卓
「才能」の伸ばし方	折山 淑美
演じる心、見抜く目	友澤 晃一
外国語の壁は理系思考で壊す	杉本大一郎
○《まる》のない大人 ×《ばつ》だらけの子ども	袰岩 奈々
巨大災害の世紀を生き抜く	広瀬 弘忠
メリットの法則 行動分析学・実践編	奥田 健次
「謎」の進学校 麻布の教え	神田 憲行
孤独病 寂しい日本人の正体	片田 珠美
「文系学部廃止」の衝撃	吉見 俊哉
口下手な人は知らない話し方の極意	野村 亮太